Der Blumengarten

Richard Bisgrove

Der Blumengarten

Blütenpracht für jede Jahreszeit

Aus dem Englischen von
Annette Roellenbleck

Mosaik Verlag

Titel der Originalausgabe: The Flower Garden
Fotos: Marijke Heuff
Redaktion der deutschen Ausgabe: Schamma Schahadat
Fachliche Beratung: Dipl.-Ing. Stefan Längst, Landshut
Umschlaggestaltung: Karoline Droege

Der Mosaik Verlag ist ein Unternehmen
der Verlagsgruppe Bertelsmann

Satz: Fotosatz Stummer, München
Druck und Bindung: Alcione, Trento
Printed in Italy · ISBN 3-576-10492-5

Inhalt

EINLEITUNG

»Die meisten Menschen nehmen an, daß das Gärtnern mit Blumen eine leichte Sache sei. Das ist es aber keineswegs. Es hat mich ein halbes Leben gekostet, um herauszufinden, was zum Gärtnern dazugehört, und einen großen Abschnitt der zweiten Lebenshälfte, um auszutüfteln, wie es am besten gelingt.«

Als Gertrude Jekyll, die größte Gartenkünstlerin dieses Jahrhunderts, diese Worte vor 80 Jahren schrieb, wollte sie Gartenliebhaber nicht etwa entmutigen. Sie wandte sich nur gegen die Vorstellung einiger Besucher ihres Gartens, alles, was man brauche, seien Glück und gute Bodenverhältnisse. Die meisten richtigen Gärtner tappen wahrscheinlich in die entgegengesetzte Falle, wenn sie glauben, daß das Gärtnern, insbesondere das Gärtnern mit Blumen, so schwierig ist, daß sie sich lieber an bewährte Methoden halten. Dabei ist Gartengestaltung mit Blumen nur dann schwierig, wenn man Erfahrungen sammeln will, ohne Fehler zu machen – ein Unterfangen, das zwangsläufig scheitern muß.

Dem Anfänger mag die Planung eines Blumengartens als kaum zu bewältigende Aufgabe erscheinen. Aber man kann mit wenigen einfachen Regeln beginnen, und schon nach kurzer Zeit beherrscht man die wichtigsten Grundlagen für einen Blumengarten. Manch einer ist damit zufrieden, während andere, die unternehmungslustiger sind, sich selbst immer höhere Ziele stecken. Zu diesen gehörte auch Miss Jekyll. Sie verbrachte einen Großteil ihres Lebens damit, ihre Techniken zu verbessern, und deshalb war sie mit Recht ungehalten, wenn man ihre mit langer Mühe erworbenen Erfolge dem reinen Glück zuschrieb.

Dieses Buch ist für unternehmungslustige – aber nicht unbedingt kenntnisreiche – Gärtner geschrieben, die sich einen schönen Blumengarten wünschen und dafür gerne ein bißchen körperliche und geistige Anstrengung aufbringen wollen, dabei aber gelassen genug sind, um gelegentliche Mißerfolge als eine Stufe auf dem Weg zum Erfolg anzusehen.

Ein Ziel des *Blumengartens* besteht darin, den Lernprozeß zu verkürzen und zu zeigen, was möglich und was unter gewissen Umständen wünschenswert ist – wenn auch die Lektüre die praktische Erfahrung nicht ersetzen kann. Da die Möglichkeiten, Blumen zu gruppieren und daraus schöne Gärten zu gestalten, unbegrenzt sind, enthält dieses Buch einige Pläne von Gärten, die ich entworfen habe, um zu zeigen, wie allgemeine Prinzipien in die Praxis umgesetzt werden können. Diese Beschreibungen sollen aber nicht als ein Rezeptbuch verstanden werden. Ich möchte Ihnen vielmehr an Hand der Pläne deutlich machen, wie jeder einzelne Blumengarten aus den gegebenen Bedingungen entstanden ist, damit Sie die verschiedenen Ideen Ihrer besonderen Situation anpassen können – der Lage des Gartens, den klimatischen Bedingungen, den Bodenverhältnissen usw.

In unserer hektischen Welt bietet sich der Garten als Zufluchtsort an. Er gibt uns die Möglichkeit, vor der Hetze des täglichen Lebens Ruhe zu finden – im Garten kann man nicht eilig arbeiten – und schöpferisch zu werden. Jeder von uns kann entscheiden, welche Art Garten seiner Persönlichkeit am besten entspricht und auf sein Budget und seine Umgebung zugeschnitten ist. Für die Gestaltung eines individuellen Gartens können wir mit faszinierenden strengen Mustern spielen, in der Pracht leuchtender, phantasievoller Beetbepflanzungen schwelgen, den Reiz transparenter, zarter Sommerblumen entdecken, uns an herrlichen Blumenarrangements erfreuen, mit der gärtnerischen Arbeit wie mit einer feinen Kunst experimentieren oder im Paradies eines relativ pflegeleichten Gartens faulenzen. Es ist jedem einzelnen überlassen, welchen Garten er für sich auswählt. Jeder Garten ist – oder sollte – einzigartig sein.

Die Schönheit eines Blumengartens beruht auf Einfachheit, Harmonie und feinen Effekten. Auf den Terrassen von Hestercombe nehmen die stattlichen Blütenähren des Rittersporns im Vorder- und Hintergrund, die in großen Gruppen zusammenstehen, die vertikalen Linien der Balustrade wieder auf. Das sanftgraue Laub und die leuchtendweißen Blüten des Hornkrauts (Cerastium tomentosum)*, die über die Mauer hängen, umspielen ihre harten Umrisse, ohne sie vollständig zu kaschieren, und vermischen sich mit den sanfteren Blautönen des Rittersporns. Eine einzelne Zistrose* (Cistus x cyprius) *unterhalb der Balustrade nimmt das Weiß des Hornkrauts wieder auf.*

Ein Rahmen für Blumen

Ein grundlegendes Prinzip, das bei der Gestaltung eines jeden Blumengartens beachtet werden muß, läßt sich in dem allumfassenden Ratschlag von Schriftstellern des 18. Jahrhunderts zusammenfassen, nämlich »überall den Genius loci zu Rate zu ziehen«, d. h. die Eigenheiten der Lage zu nutzen und Pflanzen auszuwählen, die auf die jeweiligen Bodenverhältnisse und die Lage des einzelnen Gartens zugeschnitten sind, anstatt sich darum zu bemühen, Teehybriden auf sandigem oder Rhododendren auf kalkhaltigem Boden zu ziehen.

Die traditionelle Gartengestaltung mit Blumen rät zu Pflanzen, die in einer ungeschützten, sonnigen Lage und in einem fruchtbaren, gut bearbeiteten Boden gedeihen. Es gibt aber auch blühende Pflanzen, die sich für beinahe jeden Boden und jede Lage eignen, so daß man besser erst darüber nachdenkt, wie der anzulegende Garten genutzt werden soll, bevor man die Pflanzen auswählt und über ihren Standort entscheidet.

Die Rücksicht auf den Genius loci hilft zu erkennen, wo der geeignete Sitzplatz im Garten sein könnte, welche Flächen des Gartens im Blickpunkt stehen, welche Ausblicke erhalten und welche besser verdeckt werden sollten und darüber hinaus auch, welche Art von Einfassung wünschenswert ist.

SONNE, BODEN UND LAGE

In den meisten Gärten – insbesondere in den kleinen – herrschen extreme Verhältnisse. Ein Garten kann z. B. einen schweren Lehmboden aufweisen, abgesehen von einem trockenen Streifen, der sich am Haus entlangzieht. In anderen Gegenden kann der Boden dagegen sandig und trocken sein, einige wenige Flecken ausgenommen, an denen sich das von Fahrwegen abfließende Wasser sammelt und die örtliche »Regenmenge« um das Drei- bis Vierfache erhöht. Natürlich läßt sich der Boden verbessern, indem man Dünger, Torf oder größere Mengen anderen organischen Materials einarbeitet, dehnt man das aber auf große Flächen aus und versucht, mit derartigen Maßnahmen die unterschiedlichen Gegebenheiten des Gartens zu eliminieren, um überall Pflanzen mit den gleichen Ansprüchen zu ziehen, dann ist das mit Sicherheit ein verrücktes und teures Unterfangen. Es ist viel sinnvoller, aus den unterschiedlichen Aspekten und Bodenverhältnissen eines Gartens Nutzen zu ziehen und z. B. in seine entgegengesetzten Ecken sonnen- und schattenliebende Pflanzen zu setzen, um so einen Garten zu gestalten, der wirklich »überall den Genius loci zu Rate zieht«.

Überlegen Sie, wie sich die Gegebenheiten Ihres Gartens optimal nutzen lassen. Falls z. B. auf der Hauptgartenfront des Hauses die Mittags- oder Nachmittagssonne steht, dann entsteht am Haus meist ein geschützter und normalerweise eher trockener Bereich, wo sich viele interessante und aromatische Pflanzen ziehen lassen. Dieser warme Flecken bietet sich auch als gepflasterter Garten für eine Terrasse oder einen Patio an, wo man sogar an milden Wintertagen gut sitzen kann.

Das Gartenende dagegen – die Hauptansicht vom Haus aus – liegt dann überwiegend im Schatten, was für blühende Pflanzen eine ungünstige Voraussetzung ist. Aber mit sorgfältig ausgewählten Blumen (insbesondere weißen Blumen) und schönem Laub lassen sich die Grenzen des Gartens in den geheimnisvollen Schatten der Rabatte verbergen. Wenn in dem dichten Laub am Ende des Gartens auch noch Pflanzen mit schönem Herbstlaub stehen, dann bringt die

*Bei der Gestaltung eines Blumengartens ist zu überlegen, wo Ausblicke beibehalten oder verdeckt werden sollen und wo ein Sitzplatz eingerichtet werden kann. Hier schaffen die grünlich-weißen Blüten des Geißbarts (*Aruncus sylvester*) zusammen mit Strauch- und Floribundarosen und den weißen Blütenähren des Fingerhuts rings um eine offene Rasenfläche einen hübschen Zufluchtsort.*

In dieser schattigen Lichtung unterstreicht eine einfache Bepflanzung aus blassen Azaleen, Scilla und Wiesenkerbel den Waldlandcharakter. Das Lungenkraut mit seinen gefleckten Blättern und die glänzenden Laubfontänen der Herbstzeitlosen versprechen Blüten zu einer anderen Jahreszeit, und zusammen mit blassen Farnen betonen sie den natürlichen Charakter dieser Szene. Eine kleine rote Azalee am Weg setzt einen Akzent, indem sie den wärmeren Farbton der hohen Rhododendren wieder aufnimmt.

Sonne, die durch die Blätter in den Garten scheint, die leuchtende Schönheit der Herbsttöne zur vollen Geltung.

Liegt die Gartenfront des Hauses im Schatten, was auf den ersten Blick weniger günstig erscheinen mag, dann bedeutet das aber, daß das Gartenende im Hellen liegt und von der Sonne beschienen wird und daß die erstaunlich vielen Blumen, die sich zur Sonne neigen, aus dieser Sicht am schönsten aussehen. In kühlen Klimaten bietet sich die wärmste Gartenecke, wenn sie auch noch so weit vom Haus entfernt ist, als geeigneter Platz für einen gepflasterten Gartenteil mit einer Sitzecke an, als reizvoller Blickpunkt vom Haus aus. Eine Schattenrabatte am Haus, bepflanzt mit Farn, Funkien, Fingerhut, *Trillium* (Dreiblatt) und anderen Waldpflanzen, bildet einen wirkungsvollen Hintergrund für den dahinterliegenden sonnigen Gartenteil und stellt natürlich auch für sich allein ein reizvolles Element dar. Viele Sträucher und Kletterpflanzen sind auch für eine schattige Mauer geeignet. Mein Küchenfenster, in das nur die Morgensonne einfällt, wird von einer *Azara dentata* eingerahmt, die im Spätfrühling mit pudrig gelben Blüten bedeckt ist. Die leuchtenden immergrünen Blätter der Azara fangen die Sonnenstrahlen ein und werfen sie noch lange Zeit, nachdem die Sonnenstrahlen auf dem Fenster zu spielen aufgehört haben, zurück in die Küche.

Eine Schattenrabatte

Eine schattige Rabatte läßt sich auch nur mit Laub reizvoll gestalten, aber in dem schmalen Beet unter einem alten Apfelbaum gegenüber meinem Küchenfenster wollte ich zumindest im Frühling ein paar Blumen haben. Im Sommer, wenn der Hof im ganzen sonniger ist, sorgen Pflanzen in Töpfen für Farbe.

Laub ist natürlich wichtig. Deshalb ist der Rand der Rabatte mit unregelmäßig verlaufenden Gruppen aus *Asarum europaeum*, Alpenveilchen *(Cyclamen neapolitanum)* und *Liriope muscari* bepflanzt, hinter denen verschiedene Arten der Elfenblume *(Epimedium)* und ein oder zwei immergrüne Farne stehen. Auch die Elfenblumen sind immergrün; sie behalten den ganzen Winter über ihre alten glänzenden Blätter, während bei den meisten Pflanzen in dieser Rabatte die Blätter zu Anfang des Jahres bis auf den Boden zurückgeschnitten werden.

Die Hauptblütezeit beginnt mit Schneeglöckchen und Winterlingen zwischen dem frischen jungen Laub des Aronstabs *(Arum italicum* var. *pictum)*, aber verstreute frühjahrsblühende Christrosen tragen mit ihren grünlich-weißen, blaßrosa und dunklen kastanienbraunen Blütenbüscheln zur Wirkung der Rabatte bei. Die dunkleren Farbtöne verbinden sich mit dem Dunkelrot der verstreut stehengebliebenen Laubhügel der Elfenblume, die im frühen Frühjahr selbst ihre Blüten entfaltet. Der Blick wandert weiter und macht bei zwei Hundszahn-Arten ('White Beauty' und *Erythronium tuolumnense* 'Pagoda') halt, die bemerkenswert gut den Winter überstanden haben und zwischen dem frischen grünen Laub der Winterlinge, Aronstäbe und Farne eine wundervolle Waldlandatmosphäre schaffen, obwohl sich das Waldland nur über ca. 5 x 1 m erstreckt.

Im Spätfrühling stirbt das Laub der Zwiebelpflanzen ab, und der Hundszahn verschwindet erstaunlich schnell, doch werden die Überreste von dem sich ausbreitenden Teppich der Elfenblumen und den recht aggressiven, aber ansehnlichen Kuppeln der Christrosenblätter verdeckt. Im Frühling zieht eine einzige Pfingstrose *(Paeonia mlokosewitschii)*, die zerbrechlich wirkt, aber sehr stabil ist, alle Blicke auf sich. Im Hochsommer zeigt sich dann der blaßgelbe Fingerhut *(Digitalis ambigua)* und eine einzelne weiße Lilie *(Lilium martagon)*.

Schon im Frühsommer beginnt die Rabatte, etwas erschöpft zu wirken, da der Apfelbaum den größten Teil des Wassers aus dem bereits tockenen Boden für sich beansprucht. Deshalb lenken wir die Aufmerksamkeit auf Töpfe, die mit Sommerblumen bepflanzt sind. Im Frühherbst werden wir dann immer wieder von den ersten Blüten der Alpenveilchen überrascht, die von den matt purpurnen Blütenähren der Liriope und dem lieblichen Laub der Alpenveilchen abgelöst werden – so werden wir schmerzlich daran erinnert, daß die ersten Schneeglöckchen nicht mehr fern sind.

In einer großen Schattenrabatte gibt es Raum für noch viel mehr Pflanzen – für mehr Christrosen, interessante Efeu- und Wolfsmilcharten, für Salomonssiegel, Storchschnabel, Lungenkraut und vielleicht für den wuchernden Beinwell. Sogar diese kleine Rabatte ließe Platz für ein paar panaschierte Silberlinge und für einige weiße Raubnesseln im Vordergrund, dazu noch für ein paar der liebreizenden Schachbrettblumen. Weiße Formen würden sich dagegen nicht eignen, da sie für eine Waldlandatmosphäre zu kräftig leuchten, auch würden zu viele verschiedene Pflanzen den Eindruck von Weite, den man auf diesem winzigen Fleckchen erzeugen möchte, nur verderben.

1 *Garrya elliptica*
2 *Helleborus orientalis* (Nieswurz)
3 Apfelbaum
4 Farn
5 *Arum* mit Schneeglöckchen und Eisenhut (Aronstab)
6 *Asarum europaeum* (Haselwurz)
7 *Epimedium x rubrum* (Elfenblume, Sockenblume)
8 *Digitalis ambigua* (Fingerhut)
9 *Cyclamen neapolitum* (Alpenveilchen)
10 *Lilium martagon* 'Album' (Türkenbundlilie)
11 *Erythronium* 'White Beauty' und *E. tuolumnense* 'Pagoda' (Hundszahn)
12 *Liriope muscari*
13 *Epimedium x warleyense* (Elfenblume, Sockenblume)
14 *Paeonia mlokosewitschii* (Päonie)
15 *Epimedium x versicolor* 'Sulphureum' (Elfenblume, Sockenblume)

GARTENENTWÜRFE

Es gibt geometrisch angelegte Gärten mit symmetrischen Mustern aus geraden Linien, Kreisen und Spiralen, die einheitlich mit Massen von Sommerblumen bepflanzt sind. Diese strenge Konzeption mit rechteckigen Rasenflächen, geraden Wegen und mit Buchs eingefaßten Beeten und Rabatten, zwischen die in Form geschnittene Gehölze, Sitzplätze und andere dekorative Elemente als Akzente gesetzt wurden, kann durch eine freie und ungezwungene Bepflanzung aufgelockert werden.

Üblicher ist aber der völlig frei gestaltete Garten. Hier gibt es zwar auch eine deutliche Trennung zwischen Rasenfläche, Pflaster und Rabatten, aber ihre Formen verlaufen eher unregelmäßig – eine Gestaltungsform, die auf die Landschaftsgärten des 18. Jahrhunderts zurückgeht. Sie eignet sich für große Flächen, aber allzuoft führt der Wunsch, einen »natürlichen« Garten auf einem kleinen, rechteckigen Flecken zu gestalten, zu etwas gezwungenen Kompositionen, da die engen Bögen und Windungen immer wieder mit der Gartengrenze kollidieren.

Manchmal gehen die Formen innerhalb des Gartens ganz unmerklich ineinander über. Die Rabattenpflanzen quellen über den Beetrand, und am Boden stehende Pflanzentuffs wachsen in die Wege hinein. Das harte Aufeinandertreffen von horizontalen Flächen und vertikalen Mauern wird von Kletterpflanzen an den Mauern und einer üppigen Bepflanzung zu ihren Füßen überspielt. Vor allem skandinavische Gartenplaner beherrschen die Kunst, gepflasterte Flächen

LINKS: Hecken, beschnittene immergrüne Gehölze und ein großer Terracottatopf unterstreichen den strengen Charakter dieses Gartens, aber die Pflanzen innerhalb der rechteckigen Beete sind zwanglos arrangiert. In einer Rabatte nehmen gelbe und weiße Blumen die blassen Farben des Laubs der Hintergrundbepflanzung wieder auf, während in der anderen sanfte Rosa-, Mauve- und Grautöne gruppiert sind.

RECHTS: Ein Meer aus bezaubernden einjährigen Pflanzen verbirgt Gartenwege und Grenzen. In dem pastellfarbenen Blütenmeer der einjährigen Pflanzen setzen Flecken aus scharlachroten Zinnien und orangefarbenen Ringelblumen zusammen mit den Blütenähren der Löwenmäulchen kräftige Akzente.

Dieser Gartenteil, der geschickt in verschiedene Ebenen aufgeteilt und teilweise von einer schönen Pergola umgeben ist, wirkt sehr geschützt. Streng gestaltete Rasenflächen, von sorgfältig verlegten Steinplatten umgeben, und große Beete, dicht gefüllt mit Gruppen aus Pfingstrosen, Rittersporn und Lilien, bilden eine harmonische Einheit. Rosen, Iris, Katzenminze und Clematis auf den höheren Ebenen nehmen das sanfte Farbschema des tiefergelegten Gartens wieder auf. Das von Gertrude Jekyll entworfene Bepflanzungsschema hat seinen Höhepunkt im Hochsommer, doch sorgen die Randbepflanzung aus Bergenien und Gräsern und die wunderbare Geometrie der architektonischen Anlage, die Edwin Lutyens geschaffen hat, dafür, daß der Garten das ganze Jahr über nicht an Reiz einbüßt.

Historische Inspiration

Dieser kleine Garten, der von der Dorfstraße durch eine hohe Steinmauer getrennt ist, bildet den Rahmen für ein entzückendes Haus aus dem 19. Jahrhundert im neugotischen Stil. Die Besitzer suchten eine Gartenkonzeption, die dem Stil des Hauses entsprechen würde. Da das Haus Elemente eines mittelalterlichen Baustils enthielt, nahmen sie die Kleebattform der Fenster auf und verwendeten sie als einfaches Grundmuster. Es entstand ein Garten mit teilweise mittelalterlichem Knotenmuster und teilweise streng angelegten Sommerbeeten, wobei die dichte Bepflanzung mit weichen Konturen gestaltet wurde.

Innerhalb der niedrigen Buchshecken sind die vier Hauptbeete mit 'Little White Pet', einer zwergwüchsigen, duftenden und dauerblühenden Rose von 1879, und mit Hornveilchen *(Viola cornuta)* bepflanzt, die die Zwischenräume ausfüllen. Auf den vier kleinen Dreiecken wachsen Artemisien *(Artemisia splendens)*, die im Sommer einen Schaum aus grauen, drahtigen Blättern bilden, im Winter aber recht traurig aussehen. Deshalb schneidet man die Pflanzen im Spätherbst bis auf den Boden zurück, damit im folgenden Frühjahr weiße Krokusse austreiben können. Im Sommer werden elegante weiße Fuchsien 'Ting-a-Ling' in alle vier Dreiecke gepflanzt.

Im Sommer ist der Knotengarten am reizvollsten, während die beiden schmalen Beete unterhalb des Hauses und der Außenmauer für Winter-, Spätfrühjahrs- und Herbstblumen verwendet werden. Am Haus, in der schattigeren der beiden Rabatten, haben *Sarcococca hookeriana digyna,* Seidelbast *(Daphne odora* 'Aureo-marginata') und einige dicke Tuffs der Christrose *(Helleborus orientalis)* einen geeigneten Platz gefunden. Sie alle nehmen die warmen Rosa-Grau-Töne des Steins auf und verleihen der Rabatte ein feierliches, erhabenes Aussehen. Unregelmäßige Gruppen aus diesen wenigen Pflanzen entlang der gesamten Rabatte erzeugen den Eindruck von Einheit und Vielfalt, aber damit die Rabatte nicht zu düster erscheint, wurden zwischen die Pflanzen Gruppen von Schneeglöckchen und Lungenkraut mit geflecktem Laub gesetzt. In der sonnigeren Rabatte unterhalb der Außenmauer, die von einem der wichtigsten Fenster des Hauses aus zu sehen ist, bildet der graue Stein einen schönen Hintergrund für sanftes graugrünes Laub und purpurrosafarbene Blüten: im Frühling Seidelbast *(Daphne x burkwoodii)*, Flieder *(Syringa meyeri* 'Palibin') und an der Mauer *Clematis macropetala;* im Herbst *Fuchsia magellanica* 'Versicolor', Bartblume *(Caryopteris x clandonensis)* und *Clematis viticella* zusammen mit den bodendeckenden Pflanzen *Bergenia purpurascens, Berberis thunbergii* 'Atropurpurea Nana' und der schmalblättrigen, nach Pflaumen duftenden *Iris graminea,* die dem beinahe schon allzu raffiniert wirkenden Pflanzschema Halt verleihen. Eine einzelne Pflanze der Pfingstrose *(Paeonia mlokosewitschii)* bereichert das Frühjahrsbild mit ihren ausgefallen schönen, einzelnen, blaßgelben Blüten für nicht viel länger als eine Woche – ein schnell vergängliches, aber unvergeßliches Detail.

Die Besitzer hätten das einfache Grundmuster auch nur mit Stauden bepflanzen können, wobei sie aber auf die Schönheit der empfindlichen Fuchsien und etwas heiklen Artemisien hätten verzichten müssen. Auch eine einheitlichere Bepflanzung mit purpurfarbenen Petunien oder dunkelpurpurnem Heliotrop, aufgelockert von »Fontänen« des Kreuzkrautes *(Senecio bicolor cineraria)* oder aber mit blaßgelben Petunien innerhalb einer Lavendelhecke (die den feinen Farbton der Mauer aufnimmt), mit Veilchen und blaßgelben Tulpen oder mit zartgelbem Goldlack im Frühling hätte sich geeignet.

1 *Artemisia splendens* (Beifuß) und weißer Krokus
2 *Fuchsia* 'Ting-a-Ling' (Fuchsie)
3 *Rosa* 'Little White Pet', eingefaßt mit *Viola cornuta* (Hornveilchen)
4 Buchsbaumhecken
5 *Liriope muscari*
6 *Bergenia purpurascens* (Löffelblatt)
7 *Berberis thunbergii* 'Atropurpurea Nana' (Berberitze, Sauerdorn)
8 *Fuchsia magellanica* 'Versicolor' (Fuchsie)
9 *Paeonia mlokosewitschii* (Päonie)
10 *Daphne x burkwoodii* (Seidelbast)
11 *Clematis macropetala* (Waldrebe)
12 *Iris graminea* (Schwertlilie)
13 *Syringa meyeri* 'Palibin' (Flieder)
14 *Caryopteris x clandonensis* (Bartblume)
15 *Clematis viticella* (Waldrebe)
16 *Helleborus orientalis* (Nieswurz), *Pulmonaria saccharata* (Lungenkraut) und Schneeglöckchen
17 *Sarcococca hookeriana digyna*
18 *Daphne odora* 'Aureomarginata' (Seidelbast)

mit natürlichen Pflanzenzusammenstellungen so geschickt zu verkleiden, daß dennoch eine Gesamtkomposition zu erkennen ist.

Im Extremfall gehen die Formen eines Grundmusters ganz verloren, und der Garten nimmt einen dschungelartigen Charakter an, sei es nun ein winziger, üppig bepflanzter Hofgarten oder ein großer Waldlandgarten.

Innerhalb dieser Palette unterschiedlich gestalteter Gärten, vom durchstrukturierten bis hin zum frei gestalteten, naturnahen Garten, kann die Art der Bepflanzung stark variieren. Es lassen sich auffällige oder eher zarte Formen, Farben und Texturen verwenden; in den verschiedenen Gartenteilen kann man sich auf eine Farbe konzentrieren oder verschiedene Farbentwürfe vorziehen, man kann aber auch die Farben mischen oder fein abstufen oder vielleicht jahreszeitliche Veränderungen besonders hervorheben.

Der Charakter eines Gartens wird in erster Linie durch das Verhältnis zwischen offenem und zusammenhängend bepflanztem Raum bestimmt. Obgleich die Behandlung der Grenzen zwischen den beiden Räumen unendlich variabel ist, sollten die Extreme von unbepflanztem, offenen Raum und dichter Bepflanzung immer deutlich hervortreten. Anstatt nach einem leeren Platz zu suchen, auf dem man eine neue Pflanze völlig isoliert zur Wirkung bringen möchte, sollte man lieber nach geeigneten Nachbarpflanzen Ausschau halten, die sich mit dem Neuankömmling gut

RECHTS: Der Schatten der überhängenden Zweige kann als Hintergrund für Blumen in leuchtenden Farben verwendet werden. So kommen die Blütenähren der Lupinen und des Rittersporns, die flachen Scheiben der gelben Schafgarbe und andere blaßblühende Pflanzen besonders gut zur Geltung.

LINKS: In einem kleinen rechteckigen Garten sollte man Grenzen besser akzeptieren, anstatt dagegen anzugehen. In diesem Garten umspielen Blumengruppen die strenge Geometrie und verbergen teilweise den reizvollen silbergrauen Zaun. Die strengen Formen von Iris und Gräsern in der schmalen Rabatte auf der linken Seite bilden ein Gegengewicht zu den größeren Blumenmengen der Hauptrabatte. Der umgebende Zaun verdeckt die Gartengrenzen, und eine Kaskade aus Rosen betont die geheimnisvolle Dunkelheit.

vertragen. Blumen sind wesentlich ausdrucksvoller, wenn sie in Gruppen beieinanderstehen: Einzelne Blumen kommen durch die Harmonien und Kontraste zwischen Farben und Formen zu besonderer Wirkung, und die Blumengruppen bilden einen Blickpunkt vor einem im wesentlichen grünen Hintergrund.

GESTALTUNG DES HINTERGRUNDS

Einen Blumengarten sollte man immer so gestalten, daß man die Gartenmitte frei läßt und die Ränder des offenen Raumes bepflanzt. Werden die Ränder des Gartens den Blumen vorbehalten, erhält man eine Vielfalt von Rabatten, die viel Spielraum für die Kultivierung einer breiten Palette von Pflanzen anbieten. Die verschiedenen Pflanzen und der unterschiedliche Einfall des Sonnenlichts schaffen einen Garten von größerem Reiz und Abwechslungsreichtum und erleichtern darüber hinaus in starkem Maße seine Instandhaltung.

Das Licht beeinflußt ganz wesentlich die Art und Weise, wie wir die Farben erleben. In kalten Klimaten blenden die diesige Atmosphäre und der oft graue Himmel die Augen und bewirken, daß das Gartenbild »überbelichtet« und die Farben gebleicht werden. Blumen wirken deshalb sehr viel besser vor einem Hintergrund, als wenn sie sich wie ein Schattenriß gegen den Himmel abzeichnen. Im klaren Licht der wärmeren Regionen dagegen leuchten die Farben der Blumen sehr schön vor einem blauen Himmel.

Hier sollen die schlanken Triebe einer Clematis die massiven Pfeiler einer Stützmauer eher unterstreichen als verbergen. Alstroemerien quellen über in der geschützten Rabatte zu Füßen der Mauer, vermischen sich mit den Blüten der Clematis und breiten sich im Laufe der Jahre zu immer schöneren üppigen Kolonien aus.

Blühende Kletter- und Mauerbepflanzung

Mauern und Zäune werden mit Kletterpflanzen und Mauersträuchern bepflanzt, die ihre harten Konturen weicher erscheinen lassen. Dafür eignen sich immergrüne oder etwas kräftigere laubabwerfende Pflanzen besser als schlankwüchsige Kletterpflanzen, die sich im Winter nur als eine Masse von ineinander verschlungenen Ranken darbieten.

An einer geschützten, sonnigen Mauer sind die Möglichkeiten der Bepflanzung geradezu endlos. *Clematis cirrhosa balearica* mit ihrem glänzenden immergrünen Laub setzt schon im Winter ihre bezaubernden rahmfarbenen Glokkenblüten an. Die Glyzine *Wisteria sinensis* ist eine gute Wahl für den Frühsommer. Sie wirft zwar ihr Laub ab, aber das Blaßgrau ihres malerischen Astwerks bietet auch im Winter einen reizvollen Anblick, und oft erfreut sie uns mit einer zweiten Blüte im Spätsommer. Die kletternden Nachtschattengewächse *Solanum crispum* und *S. jasminoides* 'Album' blühen über mehrere Monate im Spätsommer und behalten im Winter in einer geschützten Lage zum großen Teil ihr dunkles, gänzendes Laub. Der Echte Jasmin *(Jasminum officinale)* ist auch halbimmergrün und entwickelt – wenn man ihn nicht beschneidet – sehr bald große Ranken, die im Sommer mit duftenden weißen Blüten schwer beladen sind. Geißblatt blüht gerne in voller Sonne, gibt sich aber auch mit weniger Sonnenlicht zufrieden, und seine sich schälenden braunen, blattlosen Ranken sind auch im Winter hübsch anzusehen.

Für schattige Mauern ist die Auswahl zwar kleiner, aber nicht weniger schön. *Clematis montana* wächst schnell, blüht überreich und bringt sehr bald eine Masse ineinander verschlungener Zweige hervor. Die rosafarbenen Sorten der *Clematis montana*, wie z. B. *C. m.* 'Rosea' und die dunklere 'Tetrarose', sieht man am häufigsten, obwohl die einfache Art, die weiße Blüten trägt und köstlich nach Vanille duftet, vielseitiger und in dunklen Ecken besonders wirkungsvoll ist. Die Kletterhortensie *(Hydrangea petiolaris)* ist im Schatten unverzichtbar. Nach ihrem äußerst müden Start bringt sie im Frühsommer eine Fülle weißer Schalenblüten hervor. Die Blätter nehmen eine schöne Herbstfärbung an, fallen dann ab und hinterlassen Zweige mit einer sich schälenden orangebraunen Rinde. *Pileostegia viburnoides* ist ziemlich selten, weil sie etwas Zeit braucht. Mit ihren langen, glänzenden Blättern entwickelt sie sich an selbstkletternden Zweigen zu einer schönen und gesunden, problemlosen Pflanze, die im Spätsommer und Herbst mit cremig weißen Blüten bedeckt ist.

Kletterhortensie und *Pileostegia* sollte man in den ersten Jahren möglichst mit schnellwachsenden Kletterpflanzen wie Clematis und Geißblatt zusammenpflanzen. Dabei müssen aber die beständigeren Pflanzen genug Raum behalten, um sich entwickeln zu können.

Der Winterjasmin *(Jasminum nudiflorum)* mit seinen bogig wachsenden grünen Zweigen, die im Winter mit leuchtenden gelben Blüten bedeckt sind, benötigt keine begleitenden Kletterpflanzen, da er sehr schnell wächst. Die abgeblühten Zweige müssen entfernt werden, damit sich neue Triebe bilden können. Er ist keine echte Kletterpflanze und muß an Drähten festgebunden oder an einer Gitterwand gezogen werden.

Winterjasmin bildet den Anfang einer ganzen Palette von sogenannten »Mauersträuchern«, zu denen Pflanzen gehören, die zu schwach sind, um sich selbst halten zu können und den Schutz einer Mauer benötigen, zu denen aber auch solche zählen, die oft vor einer Mauer gepflanzt werden, obgleich sie durchaus als freistehende Sträucher gezogen werden können.

So z. B. der Schneeball *(Viburnum x bodnantense)* und die Winterblüte *(Chimonanthus praecox)* – beide blühen im Winter, der Schneeball am Anfang und die Winterblüte am Ende der Jahreszeit. Ihr Duft entfaltet sich gut an einem geschützten Standort. Die Scheinquitte *(Chaenomeles x superba)* ist eine andere Pflanze, die sich an einem freien Standort zu einem ausladenden Strauch von ungefähr einem Meter Höhe entwickelt, die aber vor einer Mauer früher und üppiger blüht und eine Höhe von zwei bis drei Metern oder mehr erreicht. Ihre leuchtenden orange- oder karmesinfarbenen, rosa oder weißen Blüten erscheinen an blattlosen Zweigen, so daß jede Sorte farblich gut auf den Hintergrund abgestimmt sein muß. Die verschiedenen Säkkelblumen, vor allem der schöne *Ceanothus impressum*, der silberblättrige Geißklee *(Cytisus battandieri)* mit seinen nach Ananas duftenden gelben Blüten und *Fremontodendron californicum*, der sehr schnell eine Höhe von drei bis vier Metern erreicht und den ganzen Sommer über mit reingelben Blüten bedeckt ist, profitieren alle vom Schutz einer warmen Sonnenmauer. Die Magnolie *(Magnolia*

grandiflora) ist ein noch schönerer Strauch, wenn man ihr genug Raum gibt. Sie nimmt sich zwar Zeit, bis sie zu blühen beginnt, vor allem die besonderen Sorten 'Goliath' oder 'Exmouth', aber im Gegensatz zu den schnell wachsenden, kurzlebigen Sträuchern Säckelblume, Geißklee und Fremontodendron lebt die Magnolie Jahrzehnte und kann bis zur Dachrinne eines dreistöckigen Gebäudes emporwachsen.

Alle diese Pflanzen sollen Mauern und Zäune bedecken und sie bis zu einem gewissen Grad überwachsen. Noch mehr Pflanzen blühen im geschützten Bereich zu Füßen einer Mauer und verdecken den schroffen Übergang zwischen Mauer und Boden. Fuchsien, Heben, die herrlichen, aber empfindlichen Buddleien, die Kronwicke *(Coronilla glauca)*, die uns im Herbst und Frühjahr mit ihren Blüten erfreut, verschiedene Arten des Seidelbasts und viele andere können diesen Zweck erfüllen. An schattigen Mauern sind *Skimmia japonica*, *Sarcococca ruscifolia* und *S. hookeriana digyna*, der sehr früh blühende Seidelbast *(Daphne pontica)* und *D. laureola*, Mahonien und die elegante Johannisbeere *Ribes laurifolium*, die mitten im Winter zwischen immergrünem Laub grünlichweiße Blütentrauben hervorbringt, ausgezeichnete Gewächse, und die meisten von ihnen entfalten ihre süß duftenden Blüten im Winter und frühen Frühjahr.

Für den Sommer ist die Palette der »basisbildenden« Pflanzen noch viel größer. Alstroemerien sehen immer am schönsten aus, wenn sie am Fuß einer Mauer hervorquellen. Auch die Baummohnarten *Romneya*, Baumpäonien und *Phygelius aequalis* und *P. capensis* bieten zu Füßen einer Mauer einen herrlichen Anblick, obwohl die Letztgenannte ziemlich heftig wuchern kann. Die Spornblume *(Centranthus ruber)* mit ihren weißen, rosa oder dunkelroten Blüten nimmt sich vor einer Mauer besonders reizvoll aus.

Dort, wo die Einfriedung des Gartens nicht zufriedenstellend ist, kann sie durch Gitterwände und Säulen verstärkt werden, berankt mit den verschiedensten Clematisarten – einschließlich der schlankwüchsigen Viticella-Gruppe und den großblütigen Hybriden – und mit Rosen, die über eine lange Zeit oft duftende Blüten hervorbringen. Eine Glyzine ist besonders wirkungsvoll, wenn sie ihre langen Trauben ungehindert von einer Pergola herabhängen lassen kann, während Geißblatt und Sommerjasmin je nach Wunsch frei wachsen oder kräftig zurückgeschnitten werden können.

Einjährige oder nahezu einjährige Kletterpflanzen bieten viele Möglichkeiten, vor allem wenn rasch eine gewisse Wirkung erzielt werden soll. Die Schönranke *(Eccremocarpus scaber)* übersteht milde Winter und wächst wie eine halbkrautige mehrjährige Kletterpflanze. Aber sicherer ist es, wenn man sie wie eine halbwinterharte einjährige Pflanze behandelt. Die Feuerbohne, ein wertvolles Gemüse, wurde in Europa zunächst als Schmuckpflanze eingeführt und könnte mit ihren scharlachroten, rosa oder weißen Blüten noch häufiger als dekorative Pflanze verwendet

RECHTS: Zur Einfriedigung eines Gartens eignen sich vorzüglich blühende Kletterpflanzen, die man an leichten Stützen emporzieht. Eine Glyzine mit ihren wunderbar duftenden Blüten ist geradezu ideal. Ihre graugrünen Blätter heben sich in hübschen Mustern gegen den Himmel ab, und ihre gedrehten, silbergrauen Zweige kommen besser an einem Stützpfeiler, den sie umschlingen können, als an einer flachen Wand zur Geltung.

LINKS: Wo mehr Wert auf ansehnlichen Schmuck als auf dichten Bewuchs gelegt wird, sind die bezaubernden, schnellwachsenden einjährigen Pflanzen eine ideale Lösung. Die schlanken Ranken der Fremdartigen Kapuzinerkresse mit ihrem eleganten Laub und ihren hübsch gefransten Blüten unterstreichen durch ihren Wuchs die strenge Geometrie der metallenen Stützpfeiler und beleben das Rankgerüst, ohne aufdringlich zu wirken. Die Wicken haben gröbere Blätter, zeichnen sich aber durch eine breite Farbpalette und einen feinen Duft aus.

werden. Kletternde Kressen und die edlere fremdartige Kapuzinerkresse *(Tropaeolum peregrinum)* eignen sich vorzüglich für rasche Wirkungen. Alle kletternden Kressen sind anfällig für die Schwarze Fliege und Raupenfraß, so daß man sie sorgfältig beobachten sollte, da sie sich nach einem schweren Befall nur langsam erholen. Die reizende Prunkwinde und die interessante Kletterpflanze *Rhodochiton volubile* mit ihren blutroten Kronen, die sich von flach ausgebreiteten Kelchblättern in einem helleren Rot abheben, benötigen ein warmes Klima und sollten in kühlen Gegenden möglichst in Töpfen gezogen werden.

Obwohl die Kletterpflanzen für sich allein einen schönen Anblick bieten, gewinnen viele von ihnen in Verbindung mit geeigneten Partnern noch an Schönheit. Dunkelrote Rosen wie 'Compassion', 'Climbing Etoile de Hollande' und die ungefüllte 'Altissimo' eignen sich vorzüglich als Stütze für *Clematis viticella* und ihre Hybriden und für purpur- oder lavendelfarbene Clematis wie 'Lasurstern' (frühblühend), 'Ascotiensis' oder 'Perle d'Azur' oder die sehr lange blühende dunkelpurpurfarbene 'The President'. Auch gelbe und kupferfarbene Rosen passen wundervoll zu diesen Clematisarten. Weiße Clematis wirken viel ätherischer, wenn sie durch größere graulaubige Sträucher wie Geißklee *(Cytisus battandieri)* und *Abutilon vitifolium* wachsen, während purpurblättriger Wein und der samtblättrige Wilde Wein *(Parthenocissus henryana)* den Blüten der *Clematis viticella*, ihrer dunkelroten Hybride C. 'Kermesina' und der 'Jackmanii Superba' prächtige Fülle verleihen. Eine der schönsten und elegantesten Kombinationen ist die großblütige Rose 'Meg' zusammen mit den winzigen, ausgeprägt spitzen Knospen der 'Bloomfield Abundance', durchwoben von der Clematis 'Nelly Moser'. Die rosa Streifen auf den Blütenblättern der 'Nelly Moser', die allmählich verblassen, passen sich den leicht unterschiedlichen Rosatönen der zwei Rosen an, und wenn man die reizenden Knospen der 'Bloomfield Abundance' zwischen

LINKS: Um harmonische Farbkombinationen zu schaffen, kann man Clematis und andere schlanke Kletterpflanzen durch Sträucher hindurchklettern lassen. Blasse Clematis und graulaubiger Lavendel sind entzückende Partner, vor allem wenn der Lavendel in die Nähe von Stufen gepflanzt wird, über die sich die Clematis elegant hinabwinden kann.

RECHTS: Man kann zwei oder drei Kletterpflanzen über eine Säule oder andere Stützen klettern lassen und auf diese Weise die Teppichwirkung eines Blumengartens in die Höhe ausdehnen. Hier verbinden sich die feinen Blütenzweige der cremeweißen Clematis recta *mit der blaßrosafarbenen* Rosa New *Dawn' zu einer feintexturierten Mischung aus sanften Farben.*

*Die Kletterhortensie (*Hydrangea petiolaris*), eine der besten Kletterpflanzen im Schatten, klettert von selbst an rauhem Ziegelwerk. Ihre weißen, schalenförmigen Blüten bringen Licht in dunkle Ecken, und ihr weitverzweigter Wuchs schafft ein Mosaik aus hellgrünem Laub und dunklen Schatten, das aufhellend wirkt. Verblühte Blütenköpfe, die den ganzen Winter über die Pflanze schmücken, verblassen zu einem warmen Braun und nehmen die Farbe der sich abschälenden Rinde auf. Vor einem Hintergrund aus Backsteinen und verwittertem Holz kommt ihr herber Charme vorzüglich zur Geltung.*

den viel größeren Blüten ihrer beiden Partner entdeckt, weckt das immer wieder neues Entzücken.

Selbstkletternde Pflanzen wie Efeu, *Pileostegia* und die verschiedenen *Parthenocissus*-Arten bieten auch eine geeignete Stütze für andere kletternde Pflanzen. Kressen, die durch dunkelblättrigen Efeu in die Höhe kriechen, gewinnen durch diesen Hintergrund an Leuchtkraft, und ich habe die Schönranke *(Eccremocarpus scaber)* durch die sich selbst haltende Myrte *(Myrtus communis)* wachsen lassen und den gleichen Effekt erzielt.

Kletter- und Mauerpflanzen lassen sich aber auch mit der Absicht zusammenpflanzen, die Blütezeit zu verlängern. In einer Ecke meines Gartens steht eine *Buddleja auriculata,* die den ganzen Winter über kleine, sehr süß duftende gelbe Blüten an einem kräftigen Strauch hervorbringt. Er muß kräftig zurückgeschnitten und an der Mauer festgebunden werden, damit der Eingang nicht von ihm überwuchert wird. Die Drähte, die ihn festhalten, dienen auch als Stütze für *Clematis macropetala,* die im Frühsommer eine Fülle blaßlavendelfarbene Blüten hervorbringt (gefolgt von silbernen Samenköpfen), und eine edlere Form der *Lonicera sempervirens,* die fast den ganzen Sommer über scharlachrote, trompetenförmige Blüten hervorbringt. Ich möchte noch eine Klettertrompete *(Campsis radicans)* dazupflanzen, die im Spätsommer und im Herbst wesentlich größere Blüten in einer ähnlichen Farbe hervorbringt.

Um die Pflanzen problemlos pflegen und erhalten zu können, müssen die jeweiligen Partner sorgfältig ausgewählt werden. Wein und späte Clematis passen gut zusammen, da im Spätwinter, wenn der Wein kräftig beschnitten werden muß, auch die Clematis fast bis zum Boden zurückgeschnitten werden und ihre oberen Ranken leicht aus den stehengebliebenen Ranken des Weins entwirrt werden können. Auch die Rosen werden im Herbst und/oder im Frühjahr kräftig zurückgeschnitten, und ihre steifen stehengebliebenen Zweige sind kräftig genug, um das Ziehen auszuhalten, das notwendig ist, um sie von den abgeschnittenen Ranken der Clematis zu befreien. *Clematis montana* und Geißblatt können direkt nach der Blüte beschnitten und falls notwendig entwirrt werden, um im folgenden Jahr in Blüte zu stehen.

Kletter- und Mauerpflanzen als Rahmenbepflanzung sollten zu dem Gesamtcharakter des Gartens passen und auf ihre Nachbarpflanzen abgestimmt sein. Häufig ist ein Arrangement verschiedener Pflanzen sehr viel wirkungsvoller, als wenn man jede dieser Pflanzen für sich allein wahrnehmen würde.

Immergrüne Pflanzen

Zusätzlich zu den Pflanzen, die den Blumengarten einrahmen, werden Pflanzen benötigt, die das Grundgerüst des Gartens bilden – vielleicht rahmen sie einen Durchblick ein, vielleicht haben sie auch den Zweck, den vorderen Rand einer Rabatte zu betonen. Solche Pflanzen können ausschließlich im Hinblick auf ihr schönes Aussehen ausgewählt werden, wie z.B. beschnittener Buchs, Eiben oder andere immergrüne Pflanzen.

Die immergrünen Sträucher für die Rahmenbepflanzung müssen sich nicht auf gefleckte Aukuben und dunklen Lorbeer beschränken. Die Auswahl reicht von aristokratischen Eucryphien und hohen Rhododendren, die saure Böden lieben, bis hin zu Feuerdorn *(Pyracantha),* Erdbeerbaum *(Arbutus unedo)* und dem anmutigen Liguster *(Ligustrum lucidum),* die auf kalkhaltigen Böden gedeihen. Die Berberitze *(Berberis x stenophylla)* ist so starkwüchsig, daß sie außer Kontrolle geraten kann, und wie alle Berberitzen läßt sie sich nur sehr schwer beschneiden. Aber das warme Orange der verschiedenen Grundformen und die blasseren Farben ihrer erst kürzlich gezüchteten Varietäten eignen sich gut für eine Bepflanzung in größerem Stil.

An geschützten Standorten könnte man es mit einem Becherkätzchen *(Garrya elliptica),* einer Zistrose *(Cistus x cyprius)* mit ihren papierartigen Blütenblättern und den zwei härteren Azara-Arten versuchen, die eher Chancen haben, den Winter zu überstehen. *Azara microphylla* hat sehr kleine, dunkelgrüne Blätter und strömt im Spätwinter einen intensiven Vanilleduft aus. *A. serrata* ist größer, hat blaßgrüne Blätter und bringt im Hochsommer eine Fülle leuchtendgelber Blüten hervor.

Es gibt auch eine reiche Auswahl an niedrigeren immergrünen Gehölzen. Der Schneeball *(Viburnum davidii),* der höhere und viel weniger bekannte *V. cinnamomifolium* und die Skimmie *(Skimmia japonica)* sind mit ihren großen, dunklen Blättern, die niedrige Kuppeln bilden, von auserlesener Schönheit. Wo diese glänzende Perfektion nicht gewünscht wird, könnten vielleicht *Berberis candida* und

Bergenien sind als Blattpflanzen von unschätzbarem Wert zwischen feiner texturiertem Laub und filigranen Blumen. In diesem Entwurf dienen ihre dekorativen glänzenden Blätter als Hintergrund für Fetthennen, Ziest, Tränendes Herz und Lauch.

Escallonia 'Apple Blossom' passend sein. Beide Gehölze haben feinere Blattexturen, hübschere Blüten (die Berberitze blüht orange, *E.* 'Apple Blossom' dagegen blaßrosa) und einen etwas lockeren Wuchs.

Die strauchartigen Kräuter, wie zum Beispiel grüner, purpurfarbener oder gelb panaschierter Salbei, Heiligenblume *(Santolina chamaecyparissus)*, Lavendel und Rosmarin, sind ebenfalls sowohl im Blatt als auch in der Blüte sehr ansehnlich.

Die vielfältigsten unter den kleinen immergrünen Gehölzen sind vielleicht die Heben. *Hebe anomala*, die winterhärteste von allen, hat kleine dunkelgrüne Blätter und bringt kleine, weiße Blütenrispen an einem niedrigen, kugelartigen Strauch hervor, der 2 m hoch werden kann. *H. rakaiensis*, die frisch leuchtende, blaßgrüne Blätter trägt, blüht auch weiß, wird aber weniger als 1 m hoch. *H. albicans*, die noch kleinwüchsiger ist, läßt sich mit ihren wachsartigen grauen Blättern besonders gut im grauen Garten verwenden, während *H. ochracea* mit ihren goldenen, schuppenartigen Blättern an gebogenen Zweigen mehr wie ein Wacholder als wie eine Hebe aussieht, und ihre Blüten überziehen die Pflanze wie eine Glasur. H. 'Amy', 'Autumn Glory', 'Mrs. Winder' und 'Bowles' sind allesamt purpurblättrige Heben mit purpurfarbigen Blüten.

Mit den riesigen immergrünen Blättern der Bergenien lassen sich wunderbare Akzente auf niedrigster Ebene setzen. Sie blühen zu Beginn der Wachstumszeit, wenn sonst noch wenig in Blüte steht. *Bergenia cordifolia*, deren Blätter im Winter einen kräftigen Purpurton annehmen, trägt auf kurzen Stielen magentarote Blütenrispen, deren Farbton abgemildert wird, wenn man sie mit dunkleren purpurfarbenen Sorten der Christrose *(Helleborus orientalis)* und den aufrechten Ruten des Seidelbastes *(Daphne mezereum)* zusammenpflanzt. Als Alternative gibt es jetzt viele andere Bergenien, die noch früher blühen, wie zum Beispiel *B. x schmidtii* und 'Profusion'. Die kleinwüchsigere *B. purpurascens* hat Blüten in einem lebhafteren dunklen Karmesinton, während *B.* 'Silberlicht' viel höhere, elegantere weiße Blütenrispen hervorbringt, die zu einem apfelblütigen Rosa verblassen. Bei diesen Arten sind zwar die Blüten schöner, doch ist das Laub nicht so kräftig und deshalb in der Wirkung weniger dekorativ.

BLATTFARBE

In einem Blumengarten sind Sträucher mit panaschierten oder farbigen Blättern besonders nützlich, da sie die mit den Blumen geschaffenen Farbschemen ergänzen und mit ihnen harmonieren und dabei die Farbeffekte über einen langen Zeitraum verstärken.

Bronze- und purpurfarbenes Laub

Eine der Laubfarben, die sich besonders wirkungsvoll mit anderen Pflanzen kombinieren läßt, wird unterschiedlich als Kupfer, Bronze oder Purpur beschrieben, wobei die Intensität dieses Farbtons vom leicht bronzegetönten Grün bis hin zu einem dunklen Karmesin-Purpurton reichen kann.

Die dunkelste Pflanze in dieser Gruppe ist wohl der schwarzblättrige Schlangenbart *(Ophiopogon planiscapus nigrescens)*, eine niedrige, langsam wachsende Pflanze, die grasartige Büschel bildet und unscheinbare purpurgrüne Blüten trägt. Im Gegensatz zu den meisten purpurfarbenen Pflanzen scheint er am besten im Schatten zu gedeihen, doch wächst er auch an sonnigeren Plätzen und wirkt geradezu aufregend als Randbepflanzung einer Rabatte aus dunklem Laub und karmesinroten Blüten.

Der Perückenstrauch *(Cotinus coggygria)* wird größtenteils seiner purpurfarbenen Blätter wegen gepflanzt. Die gängigsten Sorten, 'Royal Purple' oder 'Notcutt's Variety', haben Blätter in einem dunklen, rötlichen Purpur, aber die Sorte 'Foliis Purpureis' sollte wegen ihres weniger kräftigen Farbtons nicht übersehen werden. Die Grundform selbst mit ihren entzückenden bläulich-grünen Blättern macht dieses Trio komplett, das sich wirkungsvoll in großen Rabatten verwenden läßt. Andere dunkelblättrige Pflanzen reichen von der kupferfarbenen Buche und dem Ahorn 'Crimson King' - beides große Bäume, die als Hintergrundsbepflanzung einer großen Rabatte auf Strauchgröße geschnitten werden können -, über den Perückenstrauch, den purpurfarbenen Hasel und die Blutpflaume bis hin zur Weigelie *(Weigelia florida* 'Foliis Purpureis'), die nach der Blüte kräftig zurückgeschnitten werden sollte, damit ihre Farbe erhalten bleibt. Unter den krautartigen Pflanzen haben die Fetthenne *(Sedum telephium maximum* 'Atropurpureum'), die 60 cm hoch wird, das Veilchen *(Viola labradorica purpurea)*, das eine Höhe von 15 cm erreicht, und die bodendeckende Fetthenne *(Sedum spurium* 'Purple Carpet') ein schönes dunkles Laub.

Unter den Pflanzen mit dunkelpurpurnem Laub gibt es auch einige frostempfindliche Pflanzen, die früher vorwiegend zusammen mit einer bodendeckenden Sommerbepflanzung verwendet wurden, genauso gut aber in die zwanglose Umgebung eines üppigen Blumengartens passen. Erzblatt oder Schwarznessel *(Perilla nankinensis)*, die dunkelste Pflanze von allen, betont mit ihren gekräuselten, nesselartigen Blättern ihre tiefdunkle Färbung, aber *Iresine herbstii* und die sehr niedrigen Alternantheren können gleichfalls verwendet werden. Im 19. Jahrhundert waren Cannas sehr beliebt; sie wurden damals viel in den 'subtropischen' Laubrabatten verwendet. Aber auch heute werden sie immer mehr geschätzt. Der Wunderbaum *(Ricinus communis* 'Gibsonii'), die purpurblättrige Form der Rizinuspflanze, besitzt die größten Blätter, und in einem guten Boden an einen sonnigen Platz kann er leicht eine Höhe von 2 m und mehr erreichen.

Mit diesen dunklen Laubpflanzen und Blumen in dunklem Karmesin, Purpur oder kräftigem Scharlachrot lassen sich prächtige Wirkungen erzielen. Die Schafgarbe *(Achillea* 'Moonshine') z.B. ergibt den ganzen Sommer über vor einem purpurblättrigen Perückenstrauch ein wunderbares Bild. Nur mit Vorsicht sollte man aber graulaubige, blasse Blumen neben Pflanzen mit dunkelpurpurnen Blättern setzen, da dieser starke Kontrast die Bepflanzung eher fleckig aussehen läßt. Bei der Komposition einer Rabatte ist es

LINKS: Laub kann die Wirkung von Blumen auf vielfältige Weise verstärken, wenn es geschickt eingesetzt wird. In kleinem Maßstab geben die flachen Rosetten der tiefgerippten, breiten Blätter des purpurfarbenen Wegerichs den zarten Stielen und den vorwitzigen Blüten der zweifarbigen Veilchen sowohl tatsächlich als auch in optischer Hinsicht Halt.

besser, unterschiedlich starke Blattfärbungen zu verwenden, als den größtmöglichen Kontrast erzielen zu wollen.

Etwas heller in der Farbe sind die purpurfarbenen Berberitzen. *Berberis x ottawensis* 'Superba' ist ein hoher Strauch, der eine Höhe von 2 m oder mehr erreicht. *B. thunbergii atropurpurea* wird normalerweise halb so hoch, während *B. t.* 'Atropurpurea Nana' einen dichten Hügel in einem leuchtend rötlichen Purpur bildet und dunkle Äste hat, die auch im Winter wirkungsvoll sind. Sie eignet sich vorzüglich als Vordergrundspflanze zwischen Fuchsien, scharlach- oder karmesinroten Tulpen und Blumen gleicher Färbung. *B. t. atropurpurea* ist so variabel in der Farbintensität wie purpurblättrige Buchen. Eine vierte wertvolle Berberitze ist 'Rose Glow'. Ihr erster Blattaustrieb ist purpurfarben, aber später bringt sie Blätter mit leuchtend rosa Flecken hervor, so daß sie sich besonders gut mit graulaubigen Pflanzen und blaßfarbigen Blumen kombinieren läßt.

Für einen Blickfang gibt es kaum geeignetere Pflanzen als Neuseeländer Flachs *(Phormium tenax)* und Rhabarber *(Rheum palmatum)*. Nicht so stattlich in der Größe sind *Heuchera americana* mit schönen, glänzenden Blättern und die neuere, auffälligere *H. micrantha* 'Palace Purple'. Beide sind schöne Pflanzen für den Vorderrand einer Rabatte, wobei die letztere im Spätsommer und Herbst unzählige reinweiße Blüten hervorbringt. Später im Jahr öffnet der Steinbrech *(Saxifraga fortunei* 'Wada's Form') seine liebreizenden weißen, schmetterlingsartigen Blüten über einem glänzend bronzegetönten, auf der Rückseite purpurnen Laub; er kommt am besten an einem kühlen, schattigen Plätzchen zur Geltung.

Noch blasser sind die bronzegetönten Blätter der Bleiwurz *(Plantago major rubrifolia)*, die Montbretie *(Crocosmia* 'Solfatare'), Bartnelken und einige der dunkelblütigen Gartennelken (Crimson Beauty, Ruby Port, Garryarde Guinevere). Und schließlich haben Pflanzen wie purpurfarbener Salbei, *Rosa glauca* (bekannter als *R. rubrifolia)* und die anmutige *Clematis recta* 'Purpurea' purpurgetöntes Laub mit einem bläulich-grünen Glanz. Eine harmonische Laubgruppierung, die in ihrem Farbspektrum vom dunkelsten Purpur über bläulich-grünes Grau bis hin zu Silber reicht, bildet einen perfekten Rahmen und harmoniert mit Blumen in allen Farben.

RECHTS: Bronzefarbenes Laub verleiht einer Bepflanzung den Eindruck von üppiger Pracht. Durchscheinende Lichtpunkte zwischen den dunkelglänzenden Blättern der Heuchera micrantha *'Palace Purple' spiegeln die feine Farbgebung des Goldlacks* (Cheiranthus mutabilis) *harmonisch wider. Eingewoben in diese Pflanzengemeinschaft ist das elegant gezähnte Laub des* Alangium platanifolium, *das der Eleganz der Heucherablätter entspricht.*

Laub in Grau und Silber

Die meisten charakteristischen Silberpflanzen haben fein eingeschnittene Blätter, die mit wolligen Härchen bedeckt sind: Kreuzkraut *(Senecio bicolor cineraria)* und Artemisien, *Artemisia arborescens*, die über 1 m hoch wird, die Sorte 'Powis Castle', eine der härtesten, die eine Höhe von 60 cm erreicht, *A. stelleriana*, *A. splendens* und die niedrig wachsende *A. schmidtiana*. Die Hundskamille *(Anthemis cupaniana)* hat eine ähnliche Textur und bringt im späten Frühjahr eine Fülle großer weißer 'Astern'-Blüten hervor. Wenn man die Pflanzen nach der Blüte fast bis zum Boden zurückschneidet, entschließen sie sich oft zu einer Nachblüte im Sommer. *Eurypos acraeus* hat kleine, ungeteilte Blätter und trägt dunkelgelbe Blüten. Die Strohblume *(Helichrysum splendidum)* hat Blüten in einer ähnlichen Farbe, die aber blasser und weniger reizvoll sind und möglichst abgeschnitten werden sollten. Ihre Blätter dagegen behalten den ganzen Winter über ihre silberne Eleganz, während andere silberne Pflanzen ausgesprochen schlaff aussehen können. Die nicht winterharte Strohblume *H. petiolare* und die ganz kleinblättrige *H. microphyllum* (syn. *Plecostachys serphyllifolia)* haben eine vergleichbar feine Textur, sind aber bodendeckende Pflanzen. Die Winde *(Convolvulus althaeoides)* mit ihren tief eingeschnittenen silbernen Blättern kriecht auch gerne über den Boden, sieht aber schöner aus, wenn sie in niedrige Sträucher klettern kann. Geradezu ideal wirkt sie in einer Lavendelhecke. Der Wollziest *(Stachys lanata)* mit seinen viel dickeren, filzigen Blättern ist ein ausgezeichneter mehrjähriger Bodendecker, der aber ab und zu geteilt werden muß, damit seine flachen Laubmatten immer frisch aussehen. Die dunkelrosa und sehr wolligen Blütenkerzen des blühenden Wollziests sollten nach der Blüte abgeschnitten werden, da sie bald unansehnlich werden. Die Lichtnelke *(Lychnis coronaria)* hat eine ähnliche Statur, ist aber noch silberner und läßt sich besser durch Samen als vegetativ vermehren. Die Art besitzt auffällige magentarote Blüten, die sich schön mit alten

Das graue Laub von Wollziest, Heiligenkraut und Eberraute verbindet sich mit den Rosen, und in dieser sehr reizvollen Kombination wirken sie geradezu ätherisch. Die schmale Einfassung aus grauem Stein, über die sich der Wollziest neigt, trennt auf geschickte Weise das sanftgraue Ziestlaub von dem gelbgrünen Gras, wodurch ein störender greller Kontrast vermieden wird.

*Fügt man einer weißgrauen Bepflanzung Gelbtöne hinzu, dann entsteht ein frisches, frühlingshaftes Farbschema. Die blaßgelben Blüten der Schafgarbe (*Achillea *'Moonshine') mit ihren feingezähnten grauen Blättern verbinden sich wunderbar mit dem silbernen filigranen Laub der* Artemisia *'Powis Castle' und der sanftgrauen Randbepflanzung aus Hornkraut (*Cerastium tomentosum*). Die kalkweißen Blüten des Hornkrauts winden sich zwischen die Artemisien, und ihre durchscheinenden Adern nehmen die silbrigen Schimmer der Artemisienblätter wieder auf.*

Rosen, Fingerhut und vielen Geraniumsorten kombinieren läßt, aber es gibt auch eine blaßrosa und eine besonders schöne weiße Varietät. Unter den höher werdenden Gehölzen zählen der Geißklee *(Cytisus battandieri)* und die Trauerbirne *(Pyrus salicifolia* 'Pendula') zu den wertvollsten, aber eine andere nützliche Hintergrundpflanze ist auch die Weide *(Salix elaeagnus),* eine strauchartige Weide mit kleinen, fast weißen Blättern. Zu den niedrigeren silbernen Gehölzen gehören die Weide *(Salix lanata),* Heiligenblumen und viele Formen des Lavendels, darunter ist der weißeste von allen *Lavandula lanata,* der nicht besonders frosthart ist, aber leicht aus Samen gezogen werden kann. Zum Schluß muß noch das Perlpfötchen *(Anaphalis nubigena)* erwähnt werden, eine mehrjährige krautige Pflanze, die zwar im Winter völlig abstirbt, aber im Frühling wieder erscheint und eine hübsch aussehende flache Kuppel aus grauen Blättern bildet.

Viele andere graulaubigen Pflanzen beziehen ihre Färbung von einer Wachsschicht auf den Blättern, die ihnen einen blanken, bläulich-grünen Glanz verleiht. Die Winde *(Convolvulus cneorum)* ist wohl die prächtigste der Silberpflanzen. Sie sieht aus, als habe man sie gerade in Aluminiumfarbe getaucht, und im Sommer ist sie mit reizenden rosa-weißen, trompetenartigen Windenblüten bedeckt. Der Meerkohl *(Crambe maritima),* viele Nelken, die Stranddistel *(Eryngium maritimum)* und die Funkie *(Hosta sieboldii)* sind alle ausgesprochen graulaubige Pflanzen, außerdem die rosa blühende *Dicentra eximia* 'Boothman's Variety', die perlig-weiße *D. formosa oregano* 'Alba' und alle die Varietäten mit ihren unterschiedlichen Blattformen und -größen, die diese sechs Pflanzen bilden. Der Riesenmohn *(Romneya), Macleaya microcarpa* 'Coral Plume' und die Färberhülse *(Baptisia australis)* sind alles höher werdende Stauden. Wo größere Dauerhaftigkeit gewünscht wird, ist die Kronwicke *(Coronilla glauca)* die ideale Pflanze. Noch größer werden die verschiedenen winterharten Eukalyptusarten und der frostempfindliche, schnellwachsende *Eucalyptus globulus*.

Wegen ihres sanften Farbtons sind auch eine Vielfalt graugrünblättriger Pflanzen in gleichem Maße wertvoll: Schafgarbe *(Achillea* 'Moonshine'), Storchschnabel *(Geranium renardii)*, Ehrenpreis *(Veronica spicata incana)*, Sonnenröslein *(Helianthemum)*, Brandkraut *(Phlomis)*, Bartblume *(Caryopteris)*, *Perovskia*, Schmetterlingsstrauch *(Buddleia)*, Zistrose *(Cistus)*, Baumpäonien, Baldrianarten und viele andere. Besonders erwähnt werden muß das strauchartige *Abutilon vitifolium*, die krautartige Pfingstrose *(Paeonia mlokosewitschii)*, der Felberich *Lysimachia ephemerum* und die vielen bodendeckenden Elfenblumen *(Epimedium)*, die sich durch besonders schöne Blüten und Blätter auszeichnen. Ein Blumengarten, der sich mit solchen Pflanzen schmückt, wird immer ein ganz besonderer ästhetischer Genuß für den Betrachter sein.

Einige der graulaubigen Koniferen sind wertvoll wegen ihres fein texturierten Grüns und ihrer scharfen Silhouetten, die für die unscheinbaren Blüten entschädigen. Die blauen Formen der Scheinzypresse *(Chamaecyparis lawsoniana)* wie 'Pembury Blue', 'Triomf van Boskoop' und die kleineren 'Ellwoodii' oder 'Fletcheri' und *Chamaecyparis pisifera* 'Boulevard', die etwas lockerer wächst, sind wohl die bekanntesten. Zunehmendes Interesse finden auch die graulaubigen Wacholder, angefangen von dem weit ausladenden *Juniperus virginiana* 'Grey Owl' über den schmalen, aufrecht wachsenden *J. scopulorum* 'Skyrocket' bis hin zu den fast unwirklich blauen Varietäten des *J. squamata*. Eine der schönsten Koniferen ist die Weymouth-Kiefer *(Pinus strobus* 'Nana'), die einen feinnadeligen, teddybärartigen Hügel bildet. Keine der Koniferen liebt es, von Kletterpflanzen berankt zu werden oder dicht neben aggressiven Nachbarpflanzen zu stehen. Alle Pflanzen, außer den leichten Ranken einer *Clematis viticella* oder einer sorgfältig kontrollierten Schönranke *(Eccremocarpus scaber)*, werfen Schatten auf die Zweige, so daß sie absterben und die Konturen der Koniferen verdorben werden.

Koniferen, die wegen ihrer Dauerhaftigkeit in größeren Anlagen von großem Wert sind, sollten möglichst nicht beschnitten werden. Deshalb ist es klüger, in kleineren Gärten auf Rosmarin, Perovskia, Lavendel und andere graulaubige Sträucher zurückzugreifen, die sich gut beschneiden lassen.

Panaschiertes und gelbes Laub

Die blassen Flecken auf panaschierten Blättern verbrennen leicht, wenn die Blätter nicht genügend Wasser bekommen. Deshalb sollten diese Pflanzen möglichst schattig stehen. Auch viele gelbblättrige Pflanzen gedeihen besser im Schatten, beleben mit ihrem lichten Laub dunkle Ecken und ergänzen so die wenigen Blumen, die sich in schattigen Bereichen des Gartens wohl fühlen.

Der Aronstab *(Arum italicum* var. *pictum)* zeichnet sich vor allem dadurch aus, daß seine gelbgefleckten, glänzend grünen Blätter im Winter erscheinen, dunkle Ecken aufhellen und herrlich zu Schneeglöckchen, Winterlingen und frühen Narzissen passen. Nach ihm gibt es nichts Besseres als die Speerwurzel *(Valeriana phu* 'Aurea'), eine krautartige mehrjährige Pflanze, die als eine niedrige, unauffällige Rosette überwintert, sich dann aber allmählich im Frühling mit ihrem leuchtend gelben, frischen Laub ausbreitet, das zu einem Grün verblaßt, sobald der Sommer naht und sich ihre weißen Blütenähren zeigen. Sie läßt sich herrlich mit Narzissen und Forsythien kombinieren und bildet einen wunderbaren Kontrast zu blauen Scillas, Schneestolz *(Chionodoxa)*, Kaukasusvergißmeinnicht *(Brunnera)* und Vergißmeinnicht *(Myosotis)*, sollte aber von wärmeren Farbtönen frühblühender Tulpen oder gelber und weißer Krokusse ferngehalten werden. Später im Jahr läßt sich dieser goldene Effekt fortsetzen, indem man Teppiche aus Ehrenpreis *(Veronica prostrata* 'Trehane'), Tuffs aus goldenem Mädesüß *(Filipendula ulmaria aurea)* und den wertvollen goldenen Hopfen pflanzt.

Goldblättrige Sträucher sind wegen ihrer Leuchtwirkung ebenfalls von großem Wert, obgleich rosablühende Sträucher wie die Blutjohannisbeere *(Ribes sanguineum* 'Brocklebankii') und die Weigelie *(Weigela* 'Looymansii Aurea') schöner aussehen, wenn sie nicht in Blüte stehen. Das gilt aber nicht für den Sommerjasmin *(Philadelphus coronarius* 'Aureus'), die neu gezüchtete Orangenblume *(Choisya ternata* 'Sundance') mit ihren duftenden weißen Blüten oder für das Johanniskraut *(Hypericum* 'Ysella'), dessen gelbe Blüten mit seinem Laub harmonieren.

Viele immergrüne Pflanzen haben goldblättrige oder mit Gold oder Weiß gezeichnete Blätter. Eiben, Liguster, Efeu, Ilex, Ölweiden, Pfaffenhütchen oder andere Gehölze sind von großem Wert, da sie dem Wintergarten Farbe verleihen

Panaschiertes Laub läßt sich in einem Blumengarten wirkungsvoll einsetzen. Hier bilden die weißgerandeten Blätter der Brunnera macrophylla *'Variegata' einen leuchtenden Farbpunkt zwischen sanftfarbenen Veilchen,* Allium christophii, Hebe macrantha *und* Lithospermum purpureo-caeruleum, *aber die Blätter sehen an den Rändern etwas vertrocknet aus, was auf einen Mangel an Feuchtigkeit hindeutet. Die weißen Streifen der* Iris pallida *'Argenta Variegata' im Hintergrund vertragen trockene Böden besser.*

und darüber hinaus den Blumengarten bereichern. Der Seidelbast *(Daphne odora* 'Aureomarginata') mit seinen duftenden purpurfarbenen Blüten im Frühjahr eignet sich besonders gut für kleinere Gärten, wo seine cremefarben geränderten Blätter einen halbschattigen Platz aufhellen und gut mit Fingerhut *(Digitalis ambigua),* den blassen Elfenblumen und schwarzblättrigem *Ophiopagon* harmonieren. Dieser liebreizende Seidelbast gedeiht auch in voller

Sonne, wo sein panaschiertes Laub einen sanfteren, fast bläulich-grünen Farbton annimmt.

Unter den kleineren panaschierten Pflanzen zählt der gescheckte Silberpfennig *(Lunaria annua)* zu den wertvollsten. Er toleriert trockene, schattige Ecken, wo seine weißgefleckten Blätter gut zur Geltung kommen. Die weißblühende Form gedeiht sogar noch besser im Schatten als die normale, dunkelrosa blühende. Die Funkie *(Hosta fortunei* 'Albopicta') ist noch feiner in der Farbe. Ihre jungen Blätter entfalten sich im Frühjahr in einem einheitlichen Buttergelb, nehmen dann aber allmählich einen sanften Grünton an und tragen in der Mitte einen großen gelben Fleck. Diese Funkie gedeiht auch auf ganz trockenen Böden und verträgt sowohl Sonne als auch Schatten.

Die Taubnessel *(Lamium maculatum)* bildet dichte Teppiche am Boden, breitet sich unter höheren Bäumen aus, ohne Schaden anzurichten, und bildet reizvolle Verbindungen von Blättern und Blüten. *Cyclamen neopolitanum,* die entzückende und völlig winterharte Miniaturform des Alpenveilchens, bringt im Spätherbst (meist kurz nach dem Erscheinen der ersten Blüten) marmorierte Blätter hervor, die es den ganzen Winter über bis zum Frühsommer behält. Da es sich auch mit trockenen, schattigen Böden zufriedengibt, ist es – vor allem im kleinen Garten - besonders wertvoll, da es die Blumenrabatte an Stellen auszudehnen vermag, die normalerweise zu dunkel zu sein scheinen.

Nicht alle panaschierten Pflanzen benötigen oder tolerieren Schatten. Vor allem viele immergrüne Sträucher gedeihen genausogut und bringen noch leuchtendere gelbe Blätter hervor, wenn sie in voller Sonne stehen. Das gilt für die Robinie *(Robinia pseudoacacia* 'Frisia') und bis zu einem gewissen Grad für die Gleditschie *(Gleditsia triacanthos* 'Sunburst'). Sie sind ideal als Bäume oder Sträucher, mit denen sich ein leuchtender goldener Hintergrund für gelbe, blaue und weiße Teile des Blumengartens hervorzaubern läßt. Auch die Hartriegel *(Cornus alba* 'Aurea', 'Spaethii' [gelb panaschiert] und 'Elegantissima' [weiß panaschiert]) sind wertvolle Gehölze. Der letztgenannte hat Blätter, die im Herbst einen Aprikosenton annehmen, um dann abzufallen und den Blick auf die dunkelroten Äste freizugeben, die Christrosen und andere Winterblüher aufs herrlichste zur Geltung bringen. Den Hartriegel kann man zu großen Hügeln heranwachsen lassen oder auch stark zurückschneiden, damit er in den kleinsten Garten paßt. Unter den Stauden sind *Phlox paniculata* 'Nora Leigh' und die starkwüchsigere und weniger auffallend panaschierte Sorte 'Harlequin' so markant cremefarben gezeichnet, daß sie Blickpunkte in der Blumenrabatte bilden, lange bevor sie im Hochsommer ihre duftenden blaßlilafarbenen Blüten hervorbringen.

Spiraea japonica 'Goldflame' trägt im Frühjahr mit Gelb, Orange und Rosa überzogene Blätter, die im Sommer gelblich-grün werden. Die mattrosa Blüten harmonieren nicht mit den Blättern und sollten deshalb möglichst entfernt werden (mit dem Vorteil, daß ein kräftiges Beschneiden oft zu einem zweiten Blattaustrieb anregt).

Der goldfarbene Holunder *(Sambucus racemosa* 'Plumosa Aurea') gleicht im Farbton der Spiräe, wird aber wesentlich größer. An seinen kräftigen Ästen, die in einer Saison auf gutem Boden eine Höhe von zwei bis drei Metern erreichen, hängen tief eingeschnittene, goldfarbene Blätter, die im Sommer einen warmen Rotton annehmen. Wenn die Pflanze jedes Jahr bis zum Boden zurückgeschnitten wird, werden ihre Blätter besonders groß und schön, aber wenn man das einjährige Holz stehenläßt und nur die älteren und schwächeren Zweige herausschneidet, blüht der Holunder im Frühling und bringt im Herbst eine Menge leuchtendroter Früchte hervor.

Das andere Extrem im Farbspektrum bildet die Fuchsie *(Fuchsia magellanica* 'Versicolor'), die sich durch ein subtiles Farbspiel auszeichnet. Ihre schlanken, sich neigenden Zweige tragen schmale Blätter mit unregelmäßigen Flecken in blassem Grün, die rosa gezeichnet und cremeweiß gescheckt sind. Die Blüten mit ihren roten Kelchblättern und dunkelpurpurfarbenen Röckchen stimmen mit den Blättern in Farbton und Eleganz überein.

PFLANZEN ALS BLICKPUNKTE

Ein Blumengarten benötigt nicht nur einen passenden Hintergrund, sondern auch Blickpunkte, die das Auge auf den Mittelpunkt der Komposition lenken und deren Charakter unterstreichen. Wichtig ist, daß die verschiedenen Blickpunkte eine Verbindung untereinander haben, so daß der Blick und vielleicht auch die Füße automatisch von einem Blickpunkt zum anderen wandern, ohne daß jedoch die einzelnen Abteilungen einander Konkurrenz machen. Statuen, Sitzplätze oder Gebäude eignen sich als Blickpunkte, aber in einem Blumengarten sollten Pflanzen im Mittelpunkt stehen.

Um in einem Gartenbild zur Wirkung zu kommen, muß eine Pflanze in Form, Farbe und/oder Textur bemerkenswert sein, aber wenn sie sich in allen drei Merkmalen in auffälliger Weise von ihrer Umgebung unterscheidet, ist sie fehl am Platze. Wo eine Pflanze im Garten als Blickpunkt dient, muß ein wichtiges Attribut – oder auch zwei – hervorgehoben werden. Indes sollte aber auch immer ein verbindendes Element gegeben sein.

Die Form der Pflanze, d. h. ihre Gestalt insgesamt und ihre Wuchsrichtung, ist ihr beständigstes Merkmal. Pflanzen wie eine silberblättrige Trauerbirne oder ein aufrecht wachsender grauer Wacholder heben sich ab vor einem Hintergrund aus ähnlich sanftfarbenen und fein texturierten, aber rundlichen Pflanzen. In einem strengeren Farb-

RECHTS Die beschnittenen Heckenpfeiler, die den Weg flankieren, lenken den Blick durch die wogenden Blumenrabatten zu beiden Seiten des Weges auf die schlanke Statue, die den Mittelpunkt des Gartens bildet.

LINKS: Die leuchtenden, von Sonnenstrahlen eingefangenen Blütenähren des Rittersporns bilden für eine Weile einen aufregenden Blickpunkt in der Rabatte. Purpurfarbener Salbei und blaßgelbe Schafgarbe im Vordergrund und blauer Rittersporn im Hintergrund sind weniger auffällig, während die dunklen Säulen aus beschnittener Eibe, die man nicht sofort zwischen den leuchtenderen Blumen wahrnimmt, die vertikalen Blickpunkte wiederholen.

schema könnten der schöne Trauerholzapfel *(Malus* 'Red Jade') oder die Irische Eibe *(Taxus baccata* 'Fastigiata') dem gleichen Zweck dienen. Pflanzen mit betont vertikalen Blättern oder nicht aufrechtem Wuchs wie *Yucca, Dierama pulcherrima* und viele Gräser eignen sich gleichfalls als Blickpunkte, wobei ihre Effekte variieren, angefangen von den niedrigen Tuffs des Pfeifengrases *(Molinia caerulea* 'Variegata') bis hin zu den großen Fontänen des Pampasgrases, des *Miscanthus sacchariflorus* oder der *Stipa gigantea.* Auch unter den Blumen gibt es auffallende Formen, wie die aufrechten Blütenähren von Rittersporn und Stockrosen oder die hängenden Quasten des *Amaranthus caudatus.*

Die Textur, d. h. die Größe und der auffallende Charakter der Blätter und Blüten, ist ein weniger dauerhaftes Merkmal der Pflanzen. Zunächst fallen einem die grob texturierten Pflanzen als geeignete Blickpunkte ein, wie Bergenien, Acanthus, Canna oder der Trompetenbaum *(Catalpa).* Doch auch Hügel von Schleierkraut, die feingefiederten Blätter des Mädchenauges *(Coreopsis verticillata)* und der Jungfer im Grünen *(Nigella damascenea)* oder die Wolken des Steinbrechs *(Saxifraga urbium)* können gerade durch ihr verschwommenes Aussehen große Wirkung haben. Der Meerkohl *(Crambe cordifolia)* besitzt nicht nur dekorative Blätter, sondern auch duftige Blütchen, und auch der blasse Meerlavendel *(Limonium latifolium)* setzt auf die Weise Akzente in einem Blumengarten.

Die Farbe ist normalerweise das vergänglichste Merkmal einer Pflanze, es sei denn, ihr Laub ist farbig. Mit Farbkontrasten lassen sich aber temporäre Blickpunkte in einem Garten schaffen. Während man vielleicht einer geschickten Gegenüberstellung von aufrecht und in die Breite wachsender Koniferen überdrüssig werden könnte, sind die Kombinationen von aufragenden Blütenrispen des Rittersporns und flachen Blütenköpfen der Schafgarbe oder von schweren, sich zu Boden neigenden Päonienblüten und schwertförmigen Blättern einer blauen Iris schon vergangen, bevor ihr Anblick langweilen könnte.

*Je höher die aufsehenerregende Riesendistel (*Onopordum acanthium*) ihre verzweigten Blütenkandelaber zum Himmel streckt, desto besser wirkt sie. Mit ihren bizarren Formen hebt sie sich sehr reizvoll ab, gleichzeitig harmoniert ihr sanfter silbergrauer Farbton wunderbar mit Mohn, Iris und Spornblume. Die aufregenden Irisblätter und die überhängenden Blütenköpfe des graulaubigen Grases* Helicrotichon sempervirens *vervollständigen das Bild.*

Pflanzen mit den leuchtendsten Blüten in möglichst großen Gruppen sind ideale Blickpunkte. *Lavatera* 'Mont Blanc' hebt sich ab gegen Schleierkraut in dem gleichen Weiß, Rittersporn dominiert über Ochsenzunge *(Anchusa italica)* oder Salbei *(Salvia patens)*, und Fackellilien stellen Nelkenwurz *(Geum)* in den Schatten.

Wichtig ist es, daß nicht allzu viele Pflanzen, die den Blick auf sich ziehen, in einer Rabatte verwendet werden.

DIE PLANUNG EINES BLUMENGARTENS

Bei der Entwicklung eines Gartenplans müssen alle Faktoren berücksichtigt werden. Ein Garten sollte in erster Linie Harmonie ausstrahlen; andererseits dürfen ihm aber auch nicht die notwendigen Kontraste fehlen, damit die Harmonie nicht eintönig wirkt. Die Komposition des Gartens muß den Blumen ihren Rahmen geben, sie einander zuordnen und ihre Farben zur Geltung bringen. Dieses strukturgebundene Grundgerüst sollte auch eine Abgrenzung zur Außenwelt schaffen, die je nach Geschmack mehr oder weniger Einblicke von außen zuläßt. Der Garten muß in erster Linie ein schöner Ort und nicht nur eine interessante Pflanzensammlung sein, obwohl Gartenplan und Pflanzensammlung keinesfalls unvereinbar sind.

Ein individueller Garten entsteht durch eine abwechslungsreiche Gestaltung der Anlage, indem man z. B. das Grundstück in verschiedene Ebenen unterteilt, für abwechslungsreiche Ansichten und Durchblicke sorgt und die Bepflanzung auf Arten beschränkt, die auf die besonderen Bodenverhältnisse und die individuelle Lage des Gartens zugeschnitten sind.

Der Charakter des Hauses, sein Baumaterial, seine Gestalt und sein Alter und darüber hinaus die Beziehung zwischen den Haupträumen und dem Garten tragen ihrerseits Elemente zum Entwurf eines passenden Blumengartens bei.

Auch die Individualität der Bewohner spielt bei der Gestaltung eine wichtige Rolle. Manche Menschen schwelgen in dekorativen geometrischen Formen, gefüllt mit leuchtenden Farben, während andere den ruhigeren Charme einer Wildblumenwiese vorziehen. Keines dieser Extreme ist richtig oder falsch.

Der kleine Garten

In einem kleinen Garten sollte jede Pflanze so lange wie möglich reizvoll sein. Bis zu einem gewissen Grad sollte man eher Pflanzen auswählen, die das ganze Jahr über einen gleichmäßig hübschen Anblick bieten, als solche zu bevorzugen, deren Schönheit außergewöhnlich, aber nur von kurzer Dauer ist. Diesen Grundsatz haben sich viele professionelle Gartenplaner zur Devise gemacht, die immer wieder auf Pflanzen wie *Viburnum davidii*, *Bergenia cordifolia*, *Cotoneaster dammeri* und *Mahonia japonica* zurückgreifen, um zahlreiche pflegeleichte, jedoch auch stereotype Gärten für ihre Kunden anzulegen.

Für die meisten interessierten Gartenbesitzer bedeutet ein kleiner Garten gewöhnlich, daß sie darin einjährige Pflanzen, frostempfindliche Stauden und andere langblühende Pflanzen ohne große Kosten und ohne großen Arbeitsaufwand ziehen können und daß sie sich manchmal sogar komplizierte Pflanzenmischungen erlauben können, die sich auf einem größeren Grundstück nur sehr schwer erhalten lassen. Ein kleiner Garten bietet sich auch als Rahmen für Töpfe an. Fensterkästen und Töpfe bedürfen aber ständiger Pflege und müssen wahrscheinlich jeden Tag – im Hochsommer sogar mehrmals am Tag – gewässert werden. Wenn man darauf aber nicht eingestellt ist, dann sollte man auf einen Töpfegarten möglichst verzichten.

Viele kleine Gärten zeichnen sich auch dadurch aus, daß sich das Problem, den Gartenraum eingrenzen und eine gewisse Abgeschiedenheit schaffen zu wollen, gar nicht stellt, da sie auf der einen Seite vollständig vom Haus und auf den anderen Seiten meistens von Mauern oder Zäunen eingerahmt werden. Indem man die Mauern und Zäune mit Kletterpflanzen bewachsen läßt, bestimmt man die Strukturen des Gartens und hält nahezu den ganzen Boden für eine rein dekorative Bepflanzung frei, während in einem großen Garten ein guter Teil des Bodenbereichs von strukturgebenden Pflanzen besetzt ist.

In einem kleinen abgeschlossenen Garten läßt sich nur schwer ein Stückchen Rasen erhalten, und alle Unschönheiten fallen sofort ins Auge, da die Rasenfläche so klein ist.

Wenn der ganze Garten gepflastert ist, gibt es unbegrenzte Möglichkeiten für Pflanzen, die in den kleinen Spalten des Pflasters Platz finden und über die Steine quellen, wodurch eine gelockerte, entspannte Atmosphäre entsteht. Mit einer Bodenfläche, die größtenteils mit Beetpflanzen bedeckt ist,und mit bepflanzten Mauern, Fensterkästen und anderen Behältern läßt sich ein schäbiger Hinterhof ohne Problem in eine Oase von Düften und Farben verwandeln.

In kleinen Gärten stellt sich häufig das Problem, daß der Garten durch die Einzäunung dunkel wirkt und klaustro-

Die Schönheit dieses kleinen, umschlossenen Gartens beruht auf sorgfältiger Planung. Die einfache, glatte Rasenfläche wird auf der einen Seite von einem Weg eingefaßt, der in die geheimnisvollen Schatten der überhängenden Kiefern führt und einen ausgezeichneten Hintergrund für die Blumen bildet. Der Weg ist so konzipiert, daß die Pflanzen der angrenzenden Rabatte hineinhängen dürfen, und im Vordergrund stehen mehrere Töpfe zwanglos nebeneinander, so daß die Grenze zwischen Rabatte und Pflaster überspielt wird. Ein mit blaßfarbenen Petunien, Fuchsien und silberfarbenem Helichrysum petiolare *bepflanzter Topf wurde so plaziert, daß er den Blick auf die Rasenfläche unterbricht und dadurch den Entwurf angenehm auflockert.*

Ein kleiner Garten für alle Jahreszeiten

Dieser Garten, der nur 5 m² mißt, hat viele Vorteile, die seine begrenzte Größe vergessen lassen. Er liegt auf einem warmen, steilen Abhang, der reizvolle Ausblicke in die Ferne bietet. Eine Stützmauer und steile Stufen aus grobem grauen Stein unterteilen den Garten in einen oberen Bereich, der vielleicht gerade 2 m tief ist, und in einen niedriger gelegenen Gartenteil, der eine Länge von 3 m hat. In einem Garten dieser Größe muß natürlich jede Pflanze so lange wie möglich schön aussehen.

Eine Gitterwand, die eine Ecke des Gartens einrahmt, ist mit der immergrünen *Clematis cirrhosa balearica* und mit einer Schönranke *(Eccremocarpus scaber)*, die in milden Klimaten winterhart und nahezu immergrün ist und im Sommer zartgelbe Blüten hervorbringt, bewachsen. Eine einzelne Pflanze des Hartriegels *(Cornus alba* 'Elegantissima'), die kräftig zurückgeschnitten wird, um große panaschierte Blätter und auffallend rote junge Zweige hervorzubringen, umschmeichelt die harten Umrisse der Gitterwand. Zu ihren Füßen bilden die dunklen Blätter und der purpurfarbene Blütenschaum der *Hebe hulkeana* zusammen mit dem viel feiner texturierten Laub der im Spätsommer blühenden *Parahebe catarractae* eine reizvolle Gemeinschaft. Vor diesem dunklen Hintergrund, aus dem noch ein paar vereinzelte Blüten herausschauen, erscheint die *Nerine bowdenii,* die im Herbst und oft noch bis in den frühen Winter hinein blüht. Gegen die Hauswand, gleichfalls aus grauem Stein, heben sich die winzigen dunkelgrünen Blätter der *Azara microphylla* ab, die im Spätwinter Massen von ebenfalls winzigen, nach Vanille duftenden Blüten hervorbringt. Die *Azara* teilt sich die Hauswand mit einem im Sommer wunderbar duftenden Jasmin *(Jasminum officinale)*, der durch einen kräftigen Rückschnitt im Zaum gehalten wird, und mit einer *Clematis viticella,* die ungehindert durch den Jasmin und die Azara klettern darf.

Vor dem einfachen Metallgeländer auf der Stützmauer wachsen zwei Sträucher: Johanniskraut *(Hypericum* 'Hidcote') auf der einen Seite und eine dunkelblaue Hortensie auf der anderen Seite. Zu ihren Füßen wachsen zwei Funkien, eine kleine Gruppe Lungenkraut und ein Flecken Wollziest *(Stachys lanata)*, die mit ihren unterschiedlich grauen und panaschierten Blättern indes gut miteinander harmonieren und vom Frühling bis zum Herbst Blüten zeigen. Groß- und kleinblättriger panaschierter Efeu und gewöhnliches Immergrün schauen hier und dort zwischen den Pflanzen hervor, und der kleinblättrige Efeu klettert sogar in die Höhe, um mit dem Gelb der Johanniskrautblüten zu konkurrieren. Diese drei immergrünen Pflanzen sind besonders im Winter wertvoll, wenn die Funkien verschwunden sind und ein Fleckchen Schneeglöckchen an ihre Stelle getreten ist. Innerhalb dieses Grundgerüsts aus immerwährenden Pflanzen steht eine veränderbare Reihe einfacher Terracottatöpfe, die im Sommer mit Sommerblumen und im Frühjahr mit duftendem Goldlack bepflanzt sind. Der Weg in der Nähe des Treppenabgangs ist von den großen bläulichgrünen Rosetten der *Beschorneria yuccoides* nahezu verstellt.

An einem Ende des schmalen höhergelegenen Gartens führen steile Stufen zwischen einem großen Lorbeer *(Laurus nobilis)* und einer mit Becherkätzchen *(Garrya elliptica)* bewachsenen Trennwand zum tiefergelegenen Gartenteil. Über dem Becherkätzchen wächst einer der beiden Bäume des Gartens, ein *Prunus subhirtella* 'Autumnalis' mit verstreuten blaßrosa Blüten vom Spätherbst bis zum Frühjahr. Unter dem Baum findet man hauptsächlich immergrüne Pflanzen – Bergenien, Skimmien, *Sarcococca* und einen Schneeball *(Viburnum davidii)* –, die alle zusammen an die schattigen Winkel einer ausgedehnten Waldlandschaft erinnern sollen. Ein goldener Hopfen *(Humulus japonicus* 'Aureus') klettert im Sommer durch das Becherkätzchen und schafft sich auf diese Weise seinen eigenen Schatten; ausschließlich weiße Sorten von Fingerhut, Lilien und Tulpen hellen die Düsterkeit des »Waldlandes« auf.

Die Bepflanzung auf der anderen Seite der Treppe bietet ein völlig konträres Bild. Der Lorbeerbaum erhebt sich aus einer purpurblättrigen Berberitze *(Berberis thunbergii atropurpurea)* und einer Gruppe von Bergenien, die ein Gleichgewicht zu der dunkleren Bepflanzung bilden. Die Berberitze wiederum verschmilzt mit den leuchtendrosa Flecken auf den Blättern der *Berberis* 'Rose Glow' und dann mit einem Teppich aus winterharten Fuchsien, rosa und grellrotem Bartfaden, graulaubiger Raute (ihre gelben Blüten werden rigoros entfernt), Lavendel, Rosmarin und *Artemisia* 'Powis Castle', über den sich wiederum eine *Fuchsia magellanica* 'Versicolor' mit ihren rauchigen graurosa Blättern erhebt. Dicke Horste der winterharten, tiefblauen Schmucklilie *(Agapanthus)*, Ranken der Winde *(Convolvulus althaeoides)* mit ihren fein eingeschnittenen, silbernenen Blättern und rosa Trichterblüten und wolkige Tuffs des bläulichgrünen *Origanum laevigatum,* der im Herbst winzige Blüten in einem dunkleren Rosa über seinem aromatischen Laub trägt, vervollständigen das Bild zarter Farben und üppigen Wachstums.

Der schmale Weg schlängelt sich um den Lorbeerbaum und gelangt zu dem geschütztesten Gartenteil in einer Ecke an der Stützmauer. Der graue Stein ist nahezu bedeckt von den rosa gefleckten Blättern der *Actinidia kolomikta* über den glänzenden Blättern und röhrenförmigen rosa Blüten der *Abelia x grandiflora.* Ein Sitzplatz in der Ecke ist von Hügeln verschiedener Kräuter mit sanften Farben umgeben, die in den Pflasterritzen wachsen, und eine einfache Laube über dem Sitzplatz ist teilweise mit weißblühenden Feuerbohnen bewachsen. Eine Akazie *(Acacia dealbata)* wirft bunte Schattenflecken, um vor der heißesten Mittagssonne zu schützen. Bald wird der Baum für seinen Standort zu groß sein, aber bis dahin breitet er sein feines graues Laub aus. In dem unteren Gartenbereich stehen nicht so viele, dafür aber um so größere Töpfe, da dort das tägliche Begießen recht beschwerlich ist, obgleich das graulaubige *Argyranthemum frutescens,* das lachsrosa panaschierte *Zonal-Pelargonium* 'Chelsea Gem', der blaue *Convolvulus mauritanicus* und die silberblättrigen Strohblumen oft mehrere Tage ohne Wasser überstehen.

Das ist natürlich nicht die gesamte Bepflanzung des Gartens. Jedes Plätzchen, das im Winter nackt ist, wird schnell mit Zwiebelpflanzen gefüllt, und kleine Pflanzen werden an den verschiedensten Stellen zwischen und unter die Sträucher gesetzt. Die leuchtenden Farben des oberen Gartens, die kühlen Grün- und Weißtöne des Miniatur-Waldlandgartens und die zarte Üppigkeit des unteren »mediterranen« Gartens, die alle ein sorgfältig geplantes, aber miteinander verbundenes Farbschema aufweisen, ergeben zusammen ein abwechslungsreiches und reizvolles Bild.

1 *Beschorneria yuccoides* H
2 *Jasminum officinale* S (Jasmin)
3 *Clematis viticella* H (Waldrebe)
4 *Parahebe catarractae* S
5 *Azara microphylla* W
6 *Nerine bowdenii* H
7 *Hebe hulkeana* (Strauchveronika)
8 *Clematis cirrhosa balearica* W (Waldrebe)
9 *Eccremocarpus scaber* S/H (Schönranke)
10 *Hosta* H (Funkie)
11 *Pulmonaria saccharata* F (Lungenkraut)
12 *Hydrangea hortensia* S/H (Hortensie)
13 Immergrüner und panaschierter Efeu
14 *Stachys lanata* S (Ziest)
15 *Hypericum* 'Hidcote' S/H (Johanniskraut)
16 *Cornus alba* 'Elegantissima' (Hartriegel)
17 *Laurus nobilis* (Lorbeer)
18 *Actinidia kolomikta*
19 *Abelia x grandiflora* H
20 *Acacia dealbata* W (Akazie)
21 *Bergenia cordifolia* W (Löffelblatt)
22 *Berberis thunbergii atropurpurea* (Sauerdorn, Berberitze)
23 *Origanum laevigatum* (Dost)
24 Winterharte Fuchsien S/H
25 Rosmarin S
26 *Penstemon heterophyllus*, P. 'Evelyn' und *P.* 'Garnet' S (Bartfaden)
27 Raute
28 *Convolvulus althaeoides* (Ackerwinde)
29 Stangenbohne (mit weißen Blüten) S/H
30 Kräuter
31 Lavendel S
32 *Artemisia* 'Powis Castle' (Beifuß)
33 *Agapanthus* H
34 *Berberis* 'Rose Glow' (Sauerdorn, Berberitze)
35 *Fuchsia magellanica* 'Versicolor' S/H
36 *Viburnum davidii* F (Schneeball)
37 *Skimmia japonica* F
38 Weiße Blumen (Fingerhut, Lilien und Tulpen) F
39 *Sarcococca hookeriana digyna* W
40 *Prunus subhirtella* 'Autumnalis' W (Pflaume, Kirsche, Pfirsich, Mandel, Aprikose)
41 *Humulus japonicus* 'Aureus' (Hopfen)
42 *Garrya elliptica* W

T = Töpfe mit verschiedenen Pflanzen
F = Frühling
S = Sommer
H = Herbst
W = Winter

phobische Gefühle wecken kann. Mit locker wachsenden Kletterpflanzen, mit denen man Teile der Mauern beranken läßt, kann man die strengen Linien umschmeicheln. Auf diese Weise läßt sich auch die Dunkelheit eines schattigen Gartens mildern: Statt der einheitlichen Düsterkeit beschatteter Mauern schaffen die Pflanzen ein Mosaik aus schwarzen Schatten und relativ hellen Grüntönen.

Ein ebener, quadratischer Garten, der von vertikalen Mauern umgeben ist, wirkt leicht wie eine enge Kiste. Auch hier gibt es Möglichkeiten, die Rechteckigkeit aufzubrechen, indem man Teile des Gartens absenkt oder erhöht und niedrige Mauern, Stufen, Hochbeete und niedriger gelegte Bereiche einfügt, um Abwechslung zu schaffen.

In einem kleineren Garten ist vielleicht auch Raum für eine Loggia oder eine Pergola. Selbst eine einzelne Säule, die vielleicht am oberen Ende durch Balken mit dem Haus oder der Gartenmauer verbunden ist, bildet von manchen Blickpunkten aus einen Bogen, von anderen wiederum einen Bilderrahmen oder eine Loggia, und wenn sie ordentlich mit Kletterpflanzen überzogen ist, verdeckt sie den geradlinigen Verlauf der umgebenden Mauern.

Gelegentlich ist es möglich, das massive umgebende Mauerwerk durch wabenartig durchlöcherte Backsteinmauern, schmiedeeiserne Gitter, andere Gitterwände oder dekorative Betonblöcke aufzulockern. Wo sich keine Öffnung in der Mauer anbringen läßt, kann man sich auf einfache Weise mit einem Spiegel behelfen, um den gleichen Effekt zu erzielen. Auf den ersten Blick wirkt das vom Garten reflektierte Licht genauso wie ein Loch in der Mauer, das einen Blick in den Nachbargarten freigibt. Doch muß der Spiegel sorgfältig plaziert werden, damit sich der Beobachter möglichst nicht selbst darin spiegelt – was dann geschieht, wenn man ihn genau gegenüber von der Hauptansicht des Gartens aufstellt. Plaziert man den Spiegel dagegen in einem Winkel von 45 Grad zu einem Weg, dann wird alles reflektiert, was sich im rechten Winkel zum Betrachter befindet, und die Länge der Ansicht wird scheinbar ausgedehnt. Rückt man ihn nun nur um ein paar Grad aus dem rechten Winkel, dann kann man einen scheinbaren Durchblick auf einen Blickpunkt schaffen, der in Wirklichkeit direkt neben dem Betrachter liegt. Ein Spiegel gegenüber von einem Fenster z. B. könnte einen Blumentopf reflektieren und ihn an das Ende eines Durchblicks durch die Gartenmauer in einen anderen Garten 'setzen'!

Die Verwendung von Spiegeln in einem Garten mag wie ein fauler Trick erscheinen; maßvoll angewendet, läßt sich mit dieser Technik die augenscheinliche Ausdehnung des Gartens jedoch wirkungsvoll vergrößern, da Blumen und Blätter im Spiegel ihren Effekt verdoppeln.

Einen solchen kastenförmigen Garten zu gestalten, kann eine reizvolle Herausforderung darstellen, aber ein kleiner Garten, der nur mit ein paar Drahtschnüren eingegrenzt ist, ist ein noch viel größeres Problem. Die beste Lösung ist eine leichte, freistehende Sichtschutzwand, die man mit einjährigen Kletterpflanzen für rasche Effekte und mit ein oder zwei

RECHTS: In einem großen Garten sollte man sich in der Nähe des Hauses auf das Detail und im Hintergrund auf einfache Baum- und Strauchgruppen konzentrieren, um das Gefühl von Weite zu verstärken und sich die Gartenpflege zu erleichtern. Bei diesem Garten sorgt das Ziegelpflaster dafür, daß jedes feine Detail innerhalb der Blumenrabatte seinen rechtmäßigen Platz in dem Schema einnimmt, während eine ausgedehnte Rasenfläche das Auge hinaus in die weite Landschaft lenkt.

LINKS: Ein oder zwei sorgfältig plazierte Stützpfeiler, die am oberen Ende mit dem Haus oder der Gartenmauer verbunden sind, können die Strenge einer kastenförmigen Einfriedung auflockern und zusätzlichen Raum für Kletterpflanzen schaffen.

dauerhaften Kletterpflanzen für dauerhafte Wirkung beranken läßt.

Es ist nur selten eine gute Idee, den ganzen Garten auf diese Weise einzuzäunen, da gerade dadurch der unerfreuliche kastenartige Eindruck entsteht, den viele Gärtner gerade verdecken wollen. Durch Löcher in den Schutzwänden kann das Auge in die Ferne schweifen, und es entsteht ein Eindruck von mehr Raum und Weite.

Egal, für welche Art der Gestaltung Sie sich entscheiden, das Ziel sollte immer sein, einen interessanten und harmonischen dreidimensionalen »Container« zu schaffen, der mit blühenden Pflanzen berankt und geschmückt werden kann.

Der große Garten

Die Schönheit eines großen Gartens muß vor allem auf der Wirkung seiner Ausdehnung beruhen. Ein kleiner Garten innerhalb eines großen muß so geplant werden, daß genug Raum für reizvolle Kompositionen entlang vielbenutzter Wege und in anderen wichtigen Teilen des Gartens bleibt. Die Instandhaltung ist ein vorrangiges Problem und sollte dadurch vereinfacht werden, daß man schwierige, arbeitsintensivere Details auf einen kleinen Gartenbereich beschränkt und sich im übrigen Garten auf die Wirkung seiner Größe verläßt.

Die Größe kann in der Weise genutzt werden, daß man blühintensive Bäume pflanzt und Sträucherrabatten in ausladenden Bögen anlegt. Große Gruppen aus pflegeleichten Stauden im Vordergrund, die sich gegen ausgedehnte Rasenflächen – ein Mosaik aus Zwiebelpflanzen und anderen einfachen Wiesenblumen – abheben, verstärken die Wirkung. Für experimentierfreudige Gärtner könnte eine interessante Perspektive darin bestehen, mit Rabatten aus einjährigen Pflanzen oder sogar größeren »Kornfeldern« aus einjährigen Blumen der Anlage den gewünschten letzten Schliff zu verleihen.

Der Garten in großem Maßstab

Obgleich wir im Zeitalter des kleinen Gartens leben, hat nicht jeder ein Grundstück in Taschentuchgröße, und das hier vorgestellte Rabattenschema wird für die Planung eines großen Blumengartens nützlich sein. Die Planungsprinzipien sind die gleichen wie für eine kleine Rabatte.

Die größte Rabatte, die ich geplant habe, war über 100 Meter lang und über den größten Teil ihrer Länge sechs Meter breit. An einem Ende, das in einem Bogen auf die weiße Mauer eines Gartenpavillons zulief, dehnte sie sich bis zur doppelten Breite aus. Hinter der Rabatte verlief eine honigfarbene Steinmauer, die in der Höhe variierte. Die Rabatte war von einem breiten Kiesweg in derselben Farbe eingefaßt. Der leichte Boden, auf dem die Rabatte angelegt werden sollte, war der heißen Mittagssonne ausgesetzt, aber jahrzehntelanges Kultivieren bedeutete für mich, daß es möglich sein müßte, auch Pflanzen einzubeziehen, die eigentlich mehr Nahrung verlangen als der heimische Boden bieten konnte.

Die Hauptbedingungen waren, daß die Rabatte *relativ* wenig Arbeit machen (nicht zu viele einjährige Pflanzen oder zuviel Arbeit mit dem Festbinden an Stöcken) und im Hochsommer ihren Höhepunkt erreichen sollte und – was erstaunlich schwierig war, daß sie in gemischten Farben und nicht in strengen Farbabstufungen gehalten sein sollte. Wo sollte ich anfangen?

Wichtig war zunächst einmal die Lage der Rabatte, d. h. ihre Umgebung. Glücklicherweise verlief hinter der Rabatte eine hohe Mauer, so daß mit Kletterpflanzen die für das Schema der Rabatte notwendige Höhe ohne viel Raumverlust geschaffen werden konnte. Ein großzügig bemessener Weg für die Einfassung im Vordergrund hatte den Vorteil, daß die Pflanzen am Rande der Rabatte in den Weg hineinwachsen konnten, wodurch der Weg in die Komposition miteinbezogen und die optische Breite der Rabatte noch betont wurde.

Dennoch mußte die Länge der Rabatte durch gelegentliche Gruppen hoher Pflanzen mit ausgewählten Blättern oder Blüten aufgelockert werden. Außerdem konnte man die Rabatte aus einer Entfernung von mehreren hundert Metern wahrnehmen, und deshalb mußte sie auch aus der Ferne ein schönes Bild bieten.

Der Weg tauchte aus dem Dunkel immergrüner Pflanzen auf – rechts auf dem kleinen Plan –, um dann die ganze Rabatte erblicken zu lassen. In der Nähe der Mitte markierten Torpfosten den Eingang zu den ummauerten Gärten und flankierten eine doppelte Rabatte, die nach einem genau geplanten Farbschema angelegt war: dunkle Rot- und Orangetöne, die in Gelbtöne, Lavendel, Purpur und Rosa übergingen und schließlich am Tor in Weiß endeten. Ein zweites Tor gab den Blick auf einen kleinen umschlossenen Gartenteil frei, der mit aprikosenfarbenen und akzentsetzenden lavendelfarbenen Blüten bepflanzt war. Die Rabatte endete an der weißen Mauer eines Gartenpavillons (links auf dem Plan). Der Weg verlief sich in einem ruhigen Waldlandgarten.

Bei der Gestaltung der Rabatte mußten alle diese Punkte berücksichtigt werden. Kletterpflanzen sollten die Mauer schmücken, sie aber nicht vollständig verbergen. Vereinzelte Strauchgruppen, in der jeweiligen Jahreszeit durch hohe Stauden ergänzt, sollten die Rabatte in eine Reihe unregelmäßiger Buchten von unterschiedlicher Höhe aufteilen. Und schließlich sollten sich die für den Vordergrund ausgewählten Randpflanzen über den Weg ausbreiten und den ganzen Sommer über der Rabatte wohlgestaltete Umrisse verleihen. Helle immergrüne Pflanzen sollten das schmalere Ende der Rabatte einrahmen, um sie mit den hohen Eiben und Stechpalmen hinter dem Weg zu verbinden; weiße Blumen und graues Laub sollten den mittleren Durchgang flankieren und die nach Farben angelegte Rabatte innerhalb des ummauerten Gartens optisch vergrößern, und an der zweiten Öffnung in der Mauer sollten vor allem mauve- und purpurfarbene Blumen wachsen, um im Farbton das sparsam verwendete Lavendel innerhalb des umschlossenen Gartens wieder aufzunehmen. Am anderen Ende der Rabatte sollte der eher dunkle Effekt der hohen Mauern, die größtenteils durch das dahinter angrenzende Waldland beschattet wurden, durch die Verwendung purpurlaubiger Bäume betont wer-

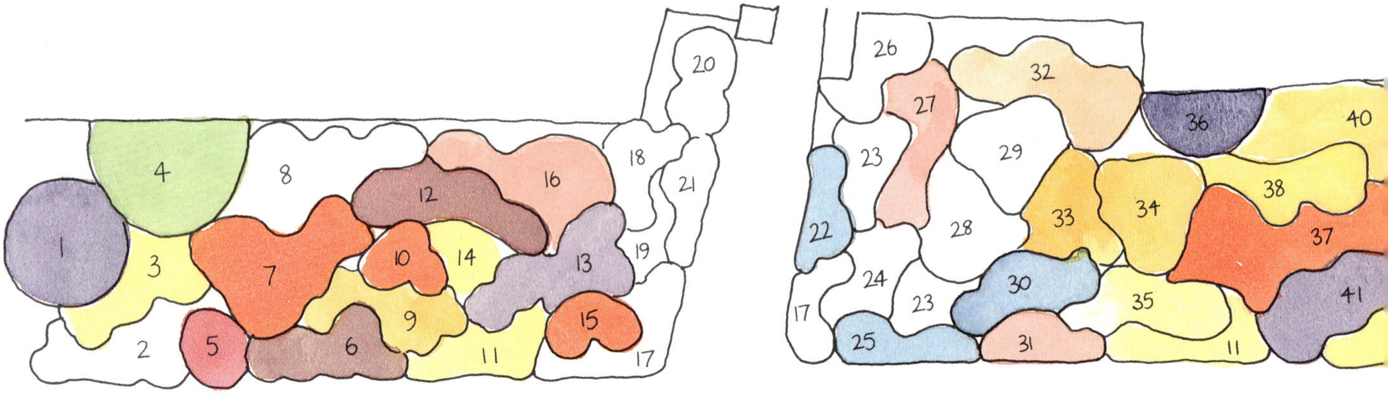

den, und sie mußten an bestimmten Stellen hoch genug sein, um die scharfen Konturen des ansonsten reizvollen Pavillons zu unterbrechen. Außerdem sollten sie mit weißen oder anderen blaßfarbenen Blumen unterpflanzt werden, um den Schatten zu intensivieren und gleichzeitig aufzuhellen. Um die Wirkung der Rabatte aus der Ferne noch zu verstärken, sollten gelbe und weiße Blumen in großen Gruppen verwendet werden.

Für die Auswahl der Pflanzen wurden aus dem breiten Angebot Listen mit den verschiedenen Blütezeiten, Höhen und Farben angefertigt. An jedem der vier Hauptpunkte der Rabatte wurden Pflanzengruppierungen sorgfältig arrangiert; anschließend wurden die Arrangements weitergeführt, wobei die leuchtenden Gelb- und Orangetöne durch große Gruppen in Blau, Lavendel und Weiß von den Rosa- und Purpurtönen getrennt wurden. Von Zeit zu Zeit durften sie harmonische Gruppen aus sehr ähnlichen Farbtönen bilden, während sonst eine Mosaikbepflanzung aus unterschiedlichen Farben durchgehalten werden sollte. In dem Maße, wie jede kleine Unterabteilung sich ausbreitete und an die Grenzen des Nachbarn stieß, mußten Korrekturen vorgenommen werden, um die Gruppen harmonisch aufeinandertreffen und die einzelnen Teile der Rabatte sich schließlich zu einem einheitlichen Ganzen zusammenfügen zu lassen.

1 *Buddleja crispa* (Schmetterlingsstrauch)
2 *Physostegia virginiana* 'Summer Snow' (Gelenkblume)
3 *Antirrhinum* (blaßgelb) (Löwenmaul)
4 *Cotinus coggygria* (Perückenstrauch)
5 *Dierama pulcherrimum* (Trichterschwertel)
6 *Salvia x superba* 'May Night' (Salbei)
7 Fenchel
8 *Althaea rosea* (weiß) (Stockmalve, Stockrose)
9 Bartiris (chromgelb)
10 *Crocosmia masonorum* (Montbretie)
11 *Potentilla* (blaßgelb) (Fingerkraut)
12 *Salvia* 'Queen Victoria' (Salbei)
13 *Nepeta x faassenii* (Katzenminze)
14 *Anthemis tinctoria* 'E.C. Buxton' (Färberkamille)
15 *Kniphofia nelsonii* (Fackellilie)
16 *Salvia involucrata* 'Bethellii' (Salbei)
17 *Geranium sanguineum album* (Storchschnabel)
18 *Anaphalis triplinervis* (Perlpfötchen)
19 *Agapanthus* (weiß)
20 *Romneya x hybrida*
21 *Aquilegia* (weiß) (Akelei)
22 *Eryngium bourgatii* (Edeldistel)
23 *Malva moschata alba* (Moschusmalve)
24 Bartiris (weiß)
25 *Penstemon heterophyllus* (Bartfaden)
26 *Eupatorium ligustrinum* (Wasserdost)
27 *Sidalcea* 'Sussex Beauty' (Präriemalve)
28 *Crambe cordifolia* (Meerkohl)
29 Dahlie (weiß)
30 *Linum perenne* (Lein)
31 *Sedum* 'Vera Jameson' (Fetthenne)
32 *Macleaya microcarpa*
33 *Coreopsis verticillata* (Mädchenauge)
34 *Kniphofia* 'Ada' (Fackellilie)
35 Bartiris (blaßgelb)
36 *Ceanothus* 'Autumnal Blue' (Säckelblume)
37 *Helenium* 'Coppelia' (Sonnenbraut)
38 *Solidago* 'Mimosa' (Goldrute)
39 *Oenothera missouriensis* (Nachtkerze)
40 *Rudbeckia maxima* (Sonnenhut)
41 *Tradescantia x andersoniana* 'Isis' (Dreimasterblume)
42 *Hemerocallis* 'Burning Daylight' (Taglilie)
43 *Geranium wallichianum* 'Buxton's Variety' (Storchschnabel)
44 *Clematis recta* 'Purpurea' (Waldrebe)
45 *Althaea rosea* (karmesinrot) (Stockmalve, Stockrose)
46 *Lonicera periclymenum* 'Serotina' (Waldgeißblatt)
47 *Anchusa azurea* (Ochsenzunge)
48 *Potentilla* 'Gibson's Scarlet' (Fingerkraut)
49 Dahlie (Zwergform, karmesinrot)
50 *Hemerocallis* 'Alan' (Taglilie)
51 Dahlien (groß, dunkles Karmesinrot)
52 *Polygonum amplexicaule* (Knöterich)
53 *Sedum spectabile* 'Autumn Joy' (Fetthenne)
54 *Aquilegia* (pinkfarben) (Akelei)
55 *Antirrhinum* (pinkfarben) (Löwenmaul)
56 *Echinacea purpurea*
57 *Aster x frikartii* (Aster)
58 *Althaea rosea* (pinkfarben) (Stockmalve, Stockrose)
59 *Cotinus coggygria* 'Foliis Purpureis' (Perückenstrauch)

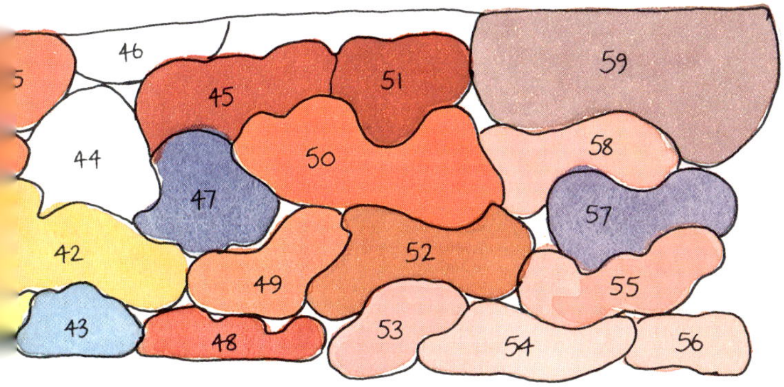

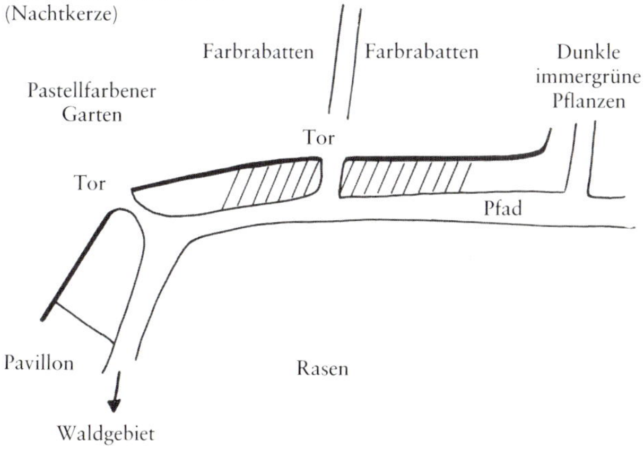

Der Umgang mit Blumen

Bei der Pflanzenauswahl für einen Blumengarten sollte man immer versuchen, einen Gesamteindruck von Harmonie in Farben, Textur und Form entstehen zu lassen, die Harmonie aber mit maßvoll verwendeten Kontrasten aufzulokkern.

Harmonie entsteht durch schrittweise Veränderungen in der Farbe und durch die Wiederholung von Formen und Texturen. Dabei müssen Sie sich nicht auf Farbschemen in Pastelltönen oder feintexturierte Pflanzen beschränken. Eine leuchtende Gruppe aus orange- und mahagonifarbenen Ringelblumen und dunkelblättriger Canna bietet ein harmonisches Farbbild. Eine Rabatte aus riesigem Schilfrohr, bogig wachsenden Gräsern, Montbretien, Agapanthus und anderen schmalblättrigen Pflanzen fügt sich formal zu einer harmonischen Einheit zusammen, die völlig anders wirkt als die ruhigere Harmonie sanfter Rosa- und Mauvetöne.

Die Wirkung vollkommener Harmonie kann ungeheuer befriedigend sein. Aber sie ist schnell vergänglich, da das Gehirn die Botschaften, die es vom Auge erhält, in der Weise anpaßt, daß sie mit den Eindrücken einer »normalen« Welt übereinstimmen. Der erste Eindruck eines völlig silbernen Gartens kann atemberaubend sein, aber nach ein paar Minuten hat das Gehirn die grauen Blätter in Grün »verwandelt«. Der Garten wirkt dann genauso wie ein überbelichtetes Photo. Die Harmonie verliert ihre Wirkung, wenn sie nicht von einem Kontrastelement unterbrochen wird.

Natürlich gibt es unterschiedlich starke Kontrastwirkungen. Stellen Sie sich die großen dunklen Blätter und den auffallend aufrechten Wuchs des Wunderbaums *(Ricinus communis* 'Gibsonii') vor, der durch einen Teppich aus kleinem goldenen Mutterkraut *(Chrysanthemum pathenum)* mit seinem gefiederten Blattwerk wächst, und der Kontrast ist vollkommen. Die grauen schwertförmigen Blätter der *Iris pallida,* die aus einem Teppich aus Katzenminze aufragen, bieten dagegen einen anders gearteten, viel sanfteren Kontrast.

Harmonie und Kontrast gibt es auch im Garten in ganz unterschiedlichen Größenordnungen. Sie können in einer einzigen Blüte zusammenspielen. Das reine Blau und die schwarzen Markierungen in einer Gazanienblüte z. B. bilden bereits einen prächtigen Kontrast zu den orangefarbenen und gelben Strahlen ihrer Blütenblätter. Die Glyzine – ein Wunder der Farbharmonie mit ihrer grauen Rinde, ihren graugrünen Blättern und blaß graublauen Blüten – bezieht ihren besonderen Zauber aus dem Kontrast zwischen den geraden, hängenden Blütentrauben und ihrem gewundenen Astwerk.

In einem größeren Maßstab können zwei oder drei Pflanzen in einer grünen Umgebung eine Komposition darstellen, indem sie miteinander harmonieren, aber zu dem ruhigeren Hintergrund einen Kontrast bilden und damit einen Akzent im Garten setzen.

Durch eine sorgfältige Planung von harmonischen Pflanzenverbindungen, die durch gelegentliche und nicht zu kräftige Kontraste aufgelockert werden, entsteht ein abwechslungsreiches Gartenbild, das Auge und Gemüt zufrieden stellt.

EIN ZEITPLAN FÜR BLUMEN

Um ein dauerhaft befriedigendes Gartenbild zu schaffen, ist zu überlegen, welche blühenden Pflanzen im Garten verteilt werden und wann und wo sie blühen sollen.

*In den meisten gelungenen Gärten gibt es ein Kontrastelement, das das harmonische Gesamtbild aufzulockern vermag. Hier verbinden sich die vertikalen Blütenähren der rötlich-weißen Königskerzen, des blaßrosafarbenen Leinkrauts und des dunkelblauen Salbeis (*Salvia x superba*) in freundlicher Harmonie, während die rundlichen Blütenköpfe der Spornblume zwar in der Farbe harmonieren, in der Form jedoch einen kräftigen Kontrast bilden.*

LINKS: *Ein Teppich aus Sternmiere (*Stellaria holostea*) und hellgelber Wolfsmilch (*Euphorbia cyparissias*) unter den blütenbekränzten Zweigen des jungen* Malus floribunda *besitzt die ganze Frische des Frühlings. Die Wirkung wird durch die frischen, gelbgrünen Blätter der Lorbeersträucher im Hintergrund und durch die dunklen Schatten der großen Lorbeerblätter noch verstärkt.*

RECHTS: *Das warme Herbstlicht spiegelt sich in den dunkelroten Blütenköpfen des* Sedum telephium *wider, die sich beim Herannahen des Winters rostig braun färben. Auch die ausdauernden Blüten der Silberimmortelle (*Anaphalis triplinervis*), die im Spätsommer schneeweiß sind, nehmen beim Verblühen die Herbstfärbung an. Beide Pflanzen locken Schmetterlinge an, die dem Garten zusätzliche Farbe verleihen.*

Im Winter und frühen Frühjahr gibt es relativ wenige Blumen; meist sehen sie sehr zart aus oder sind ausgesprochen empfindlich. Wenn man sie in die Nähe des Hauses oder an den Rand vielbegangener Wege pflanzt, kann man aus nächster Nähe ihre zarte Schönheit bewundern und ihren köstlichen Duft einatmen. Im Winter können winzige Elemente große Freude bereiten: Eine einzige Pflanze des Miniaturalpenveilchens *Cyclamen coum*, ein paar *Iris reticulata* oder eine Gruppe Schneeglöckchen, geschickt plaziert, tragen dazu bei, der Öde und der Düsternis des Winters zu trotzen.

Wenn man sich entschließt, größtenteils Winterblüher in die Nähe des Hauses zu setzen, so bedeutet das noch lange nicht, daß dieser Gartenteil das restliche Jahr über häßlich aussehen muß. Christrosen *(Sarcococca)*, Schneeball *(Viburnum tinus)* und Becherkätzchen *(Garrya elliptica)*, die im Winter so wertvoll sind, bieten sich als immergrüne Pflanzen auch als geeigneter Hintergrund für Sommerblumen an. Zaubernuß *(Viburnum x bodnantense)*, Winterblüte *(Chimonanthus praecox)*, winterblühendes Geißblatt und Winterjasmin haben auch im Sommer ein schönes Laub. Winterblühende Zwiebelpflanzen wie Schneeglöckchen, Eisenhut, die frühe *Scilla tubergeniana* (syn. *S. mischtschenkoana)*, frühe Krokusarten und die frühesten Stauden wie das liebreizende Adonisröschen *(Adonis amurensis* 'Fukujukai') sterben direkt nach der Blüte ab, so daß späterblühende Pflanzen ihren Platz einnehmen können.

Sobald der Frühling naht, läßt sich der Garten mühelos mit blühenden Pflanzen füllen. Bei der Gruppierung der Frühjahrsblüher sollte man vor allem darauf achten, daß keine Disharmonien zwischen den Farben entstehen – z. B. beißend gelbe frühe Narzissen neben dotterfarbenen Krokussen oder leuchtendgelbe Forsythien neben rosafarbenen Zierkirschen – und daß die Blütenfülle noch Raum läßt für Pflanzen, die erst später im Jahr kommen. Wie viele Steingartenpflanzen z. B. gibt es, die das Gartenbild beleben können, nachdem Blaukissen *(Aubrieta)* und Steinkraut ihre Blüten gegen mit Mehltau befallene Blätter eingetauscht haben?

Der Überreichtum der Frühlingsblüher mindert aber nicht die Freude an einer sorgfältigen Planung von Pflanzenkombinationen. Ein Garten, der erst ein zartes Bild aus weißen Spiräen und gelben Narzissen, Forsythien oder *Kerria japonica* bietet und anschließend die leuchtenden

Farben von Tulpen, Primeln und Orientalischem Mohn betont, macht unendlich mehr Freude als ein Garten, in dem Flecken von Frühlingsfarben wie zufällig in dem halb erwachten Garten verstreut sind. Im Sommer lädt das warme Wetter dann dazu ein, die weniger zugänglichen Teile größerer Gärten zu nutzen.

Der Herbst zeigt sein eigenes Farbspiel, angefangen von den sanften Farben der Herbstastern, Fetthennen, Buddleien, Bartblumen und *Perovsika atriplicifolia* über graulaubige Pflanzen bis hin zu den leuchtenden Erntedankfar-

*Ein gut geplanter Blumengarten bildet ein Farbmosaik, das sich mit der fortschreitenden Jahreszeit verändert. Im Frühling (oben) bedecken große Akelei- und Veilchen gruppen den Vordergrund, und dicke Irisknospen lassen auf Blüten hoffen. Im Hochsommer (rechts) scheint die Rabatte nur von Blumen bedeckt zu sein: Rittersporn, weiße und rosafarbene Spornblumen, Salbei (*Salvia x superba*), Katzenminze und gelbe Taglilien in dicken Tuffs. Das Irislaub im Vordergrund dient als grüner Rahmen für blühende Pflanzen. Das warme Herbstlicht wird von den sanften Farben der Astern, Fetthennen, des Wasserdosts und der sternartigen Samenstände und der Kugeldistel (*Echinops ritro*) aufgenommen. Im Winter (oben) wird die Bedeutung einer Grundbepflanzung sichtbar, wie hier mit grauen Laubhügeln, vertikalen, strohfarbenen Gräsern und schwertartigen Irisblättern, die bei Frost, Nebel oder Schnee zur Wirkung kommen.*

ben von Dahlien, Chrysanthemen und späten Sommerblumen zwischen rotem und goldenem Herbstlaub. Ein paar sanftfarbene Pflanzen zwischen leuchtenden Farbgruppen oder ein paar leuchtende Tupfer in einer blaßfarbigen Gruppe erhöhen durch den kräftigen Kontrast die Wirkung der jeweiligen Farbgruppe.

Die Art und Weise, wie man die Pflanzen in jeder Jahreszeit zusammenstellt, hat großen Einfluß auf den Charakter des Gartens. Die unterschiedlichen Arten können zu einem feintexturierten Teppich vermischt werden, entweder in malerischen Gruppen arrangiert oder nur ein oder zwei Sorten großflächig nebeneinandergesetzt.

TEPPICHARTIGE BEPFLANZUNG

Die englischen Gärtner des 19. Jahrhunderts haben ein Bepflanzungssystem entwickelt (oder eher wiederaufgenommen, da diese Art in der Bepflanzung in spätmittelalterlichen Gärten üblich war), das sie »promiscuous gardening« (Durcheinanderpflanzung) genannt haben, das heute aber mehr unter dem weniger zweideutigen Begriff »Teppichbepflanzung« bekannt ist. Unter »promiscuous gardening« verstanden die Viktorianer das Vermischen vieler verschiedener Blumen zu einer homogenen Masse. Jede kehrte in der Rabatte wieder, und jede Pflanze war von anderen Arten oder Sorten umgeben, so daß auf diese Weise ein Effekt entstand, der an einen feinen Teppich erinnert, in dem viele Farbtöne einen Gesamtfarbton ergeben.

Die artenreichen Wiesen und Kornfelder aus der Zeit vor der chemischen Unkrautbekämpfung waren Vorbild für die Idee zu dieser teppichartigen Bepflanzung. Die Pflanzengemeinschaften, die aus der traditionellen landwirtschaftlichen Praxis entstanden sind, wecken heute nostalgische Gefühle und bieten zugleich einen besonders reizvollen Anblick.

Aus der Nähe betrachtet, prallen die Farben oft hart aufeinander: scharlachroter Mohn und purpurfarbene Kornraden oder orangegelber Kornklee und gewöhnlicher rosafarbener Klee. Da die Farbpunkte aber im Verhältnis zur Gesamtfläche so klein sind und da sie in eine beruhigende grüne Umgebung eingebettet sind, tragen sie nur zur Lebendigkeit des Bildes bei. Aus größerer Entfernung verschwinden sie, da die sanfteren Töne zurücktreten und die leuchtenden Farben vorherrschen.

Abwechslungsreiche Wildblumengemeinschaften sorgen für feine Effekte. Aus geringer Entfernung sind nur noch die höheren Blumen zu sehen, d. h. das Feld oder die Wiese sehen aus, als wüchsen dort Mengen von Kornblumen oder Butterblumen. Tritt man aber näher heran und blickt in den Blütenteppich hinein, dann öffnet sich die monochrome Farbfläche vor den Augen plötzlich: Die Kornblumen oder Butterblumen teilen sich in unregelmäßig verstreute Gruppen und lassen einen vielfarbigen Teppich anderer Art unter und zwischen sich zum Vorschein kommen.

Eine Teppichbepflanzung bietet nicht nur im Raum feine Abwechslungen, sondern auch in der Zeit. Wenn die ersten Blumen im Jahr vergehen, verschwinden ihre reifenden Samenköpfe zwischen den länger werdenden Stengeln der nachkommenden Arten. Hier findet kein plötzlicher Wandel statt, sondern die Komposition aus verschiedenen Farben und Pflanzenarten entwickelt sich ganz allmählich im Laufe der Saison. In einer natürlichen Gemeinschaft ist die reizvolle Jahreszeit nur relativ kurz und fein auf die natürlichen Ereignisse abgestimmt. Schon im Frühling erblühen die verschiedensten Arten und bieten ein herrliches Schauspiel, da ihre Samen vor der Heuernte reifen oder sie zusammen mit dem Korn wachsen und Samen tragen müssen. An anderen Standorten erblühen alle Blumen vielleicht gleichzeitig, um von einer kurzen Regenzeit zu profitieren, oder sie schießen aus dem Boden und bieten ein herrliches herbstliches Schauspiel, nachdem die durch Sommergewitter entstandenen Feuer vorüber sind. Im Blumengarten können solche jahreszeitlichen Einschränkungen vermieden werden, und eine Teppichbepflanzung kann über mehrere Monate Anlaß zur Freude sein.

Eine Rabatte aus gemischten einjährigen Pflanzen

Am einfachsten läßt sich eine Teppichwirkung erzielen, indem man Samenpäckchen mit gemischten Samen aus winterharten einjährigen Pflanzen aussät. Die Saison beginnt vielleicht mit dem vielfarbigen Leinkraut *(Linaria maroccana)*, den schlanken Pechnelken *(Viscaria oculata)*

Karmesinrote Rosen, scharlachrote Lychnis chalcedonica, *orangefarbene Alstroemerien, gelbe Nachtkerzen und Schafgarben verbinden sich zu einer Glut warmer Farben, die durch die bronzefarbenen Stengel und Blätter der purpurfarbenen Gartenmelde dunkler und intensiver wird. Die Blumen sind fein miteinander verwoben, so daß die Farbwirkung noch zusätzlich verstärkt wird.*

und dem schnellwachsenden Kalifornischen Mohn *(Eschscholtzia californica)*, um dann einen Höhepunkt mit Kornblumen, einer gefüllten Form des Klatschmohns *(Papaver rhoeas* 'Shirley'), Schleierkraut und Clarkien zu erreichen und fortzufahren, bis der letzte Salbei *(Salvia sclarea)*, der wegerichblättrige Natternkopf *(Echium plantagineum)* und die Bechermalve *(Lavatera trimestris)* den Herbstregen und dem Frost zum Opfer fallen.

Für die Anlage einer solchen gemischten Rabatte muß man mit guter Erde ein Saatbeet vorbereiten, das man verdichtet und glattharkt, um guten Boden zu erhalten, und dann 10 bis 14 Tage ruhen läßt, damit die Unkräuter an der Bodenoberfläche erscheinen. Sie können dann chemisch bekämpft oder abgebrannt werden. Ein leichtes Lockern des Bodens, damit man das Unkraut herausziehen kann, ist eine Alternative zu chemischen Mitteln. Nachdem man den größten Teil der Kräuter vernichtet hat, zieht man in einem Abstand von 20 cm geradlinige Furchen (35 cm, wenn nur einjährige Pflanzen eingesät werden) und streut die Samen hinein. Das ist der Methode, die Samen breitwürfig auszusäen, vorzuziehen, da man beim Einharken der breitwürfig ausgestreuten Saat den Boden aufrührt und auf diese Weise das Unkraut an die Oberfläche bringt, wo es dann keimen kann.

Das Aussäen in Furchen erleichtert auch die Arbeit, die Sämlinge nach dem Keimen auszudünnen. Man hackt einfach mit der Hacke aus den Sämlingsreihen einzelne Abschnitte heraus und läßt nur kleine Sämlingsgruppen in Abständen von 20 cm stehen. Während dieser Arbeit des Ausdünnens sollten alle inzwischen gewachsenen Unkrautsämlinge mit entfernt werden. Die kleineren Unkräuter werden von den dicht wachsenden einjährigen Pflanzen überwuchert, und sobald die einjährigen Pflanzen den Boden selbst bedeckt haben, wird den Unkrautsamen der Boden zum Keimen entzogen.

Während des Sommers ist die Farbmischung, die sich in der Komposition in dem Maße verändert, wie die späterblühenden Pflanzen an Dominanz gewinnen, Anlaß für endlose Freuden. Wenn der Sommer vergeht, gehen die Blumen schneller zur Neige, als sie ersetzt werden können, und darüber hinaus bewirken starke Regenfälle, daß die höheren Pflanzen zusammenfallen, sobald sie nicht mehr von ihren Nachbarn gestützt werden.

Ordnungsliebende Leute werden der Ansicht sein, daß die Rabatte im Spätsommer ihr Ende erreicht hat, während andere sie noch bis in den Frühherbst stehenlassen, da sie auch die sanften Farben der spätblühenden Arten lieben. Wo die gemischte einjährige Rabatte im nächsten Frühjahr von Goldlack, Stiefmütterchen, Primeln oder anderen frühjahrsblühenden Beetpflanzen abgelöst werden sollen, müssen die einjährigen Pflanzen im Frühherbst herausgenommen werden, damit der Boden für die Frühjahrsbepflanzung vorbereitet werden kann. Wo man aber auf Frühlingsblumen verzichtet und die Rabatte außerdem in einem weniger sichtbaren Gartenteil liegt, kann man die einjährigen Pflanzen bis zum Winter stehenlassen, wenn sich die vertrockneten Reste leicht herausziehen lassen, um sie dann zu kompostieren oder zu verbrennen.

Nach dem ersten Jahr kann man die einjährigen Pflanzen, die sich selbst ausgesät haben, einfach wieder sprießen lassen und dann den Sämlingsteppich mit der Hacke in zwei Richtungen durchhacken, um kleine Sämlingstruppen in Abständen stehenzulassen. Das Unkraut wird sich indes Jahr für Jahr ständig vermehren, und wenn man die Rabatte nicht bis zum Herbst stehenläßt, damit auch die Samen spätblühender Pflanzen ausreifen können, wird die Mischung bald nur noch aus frühblühenden Arten bestehen und die Rabatte im Spätsommer hinüber sein.

*Mit einjährigen Pflanzen, die auf dem Kornfeld wachsen, läßt sich auf einfache Weise Farbe in den Blumengarten bringen. Die Mischung aus rotem Flachs, Mohn (*Chrysanthemum segetum*) und einjährigen Margeriten, blaßrosafarbenen Pechnelken und blauen Kornblumen schafft eine Folge von Blumenbildern, da eine Art die andere ablöst. Die Farben wirken bezaubernd frisch.*

Die Samenmischung variieren

Während es sinnvoll ist, mit fertigen Samenmischungen zu beginnen, da sie oft auch unbekannte reizvolle Blumen enthalten, kann man später mit ein wenig Erfahrung selbst eine Mischung entwerfen, die auf eine besondere Situation im Garten zugeschnitten ist. Eine Mischung kann zum Beispiel nur aus niedrigwachsenden Arten bestehen oder nur sanfte Mauve- oder Rosatöne oder leuchtende Gelb- und Orangetöne enthalten. Für den Garten eines Sommerhauses sollte man vielleicht nur Samen frühblühender Arten auswählen, während sich spätblühende einjährige Pflanzen besser für einen Garten eignen, der im Sommer über längere Zeit alleingelassen wird.

Die meisten einjährigen Pflanzen lassen sich leicht durch Samen vermehren. Man sammelt die Samenköpfe ein, sobald sie gelbbraun werden, und bewahrt sie in luftigen Papiertüten auf, bis sie ganz trocken sind. Anschließend werden sie zerdrückt oder geschüttelt, damit die Samen herausfallen. Die Samen sollten trocken in einem Kühlschrank aufbewahrt werden, bis man sie aussät. Sie sind natürlich nicht so rein und frei von kleinen Reststückchen der Samenhülsen wie die Samenmischungen, die man beim Samenhändler erhält, doch hat das bei der Aussaat gemischter einjähriger Pflanzen keine Bedeutung.

Der Standort für gemischte einjährige Pflanzen

Eine Rabatte aus gemischten einjährigen Pflanzen, aus nicht allzu großer Entfernung betrachtet, verliert an Wirkung, da die gewöhnlich feinen Texturen der Blüten und Blätter ein substanzloses, provisorisches Bild ergeben. Doch kann man auch hier den Eindruck einer gewissen Kräftigkeit entstehen lassen. Man erinnere sich dabei an die Knotengärten des Mittelalters und der frühen Renaissance und rahme streng gestaltete Beete aus gemischten einjährigen Pflanzen mit einer niedrigen mehrjährigen Bepflanzung ein – niedrigen Buchs für einen dauerhaften Effekt und den Steinbrech *(Saxifraga x urbium,* auch als 'London Pride' bekannt) oder Grasnelken *(Armeria maritima)* für eine schnellere Wirkung. Auffallend texturierte Pflanzen beleben die monoton wirkenden feinen Texturen der meisten einjährigen Pflanzen. Der Wunderbaum *(Ricinus communis)*, der Blaugummibaum *(Eucalyptus globulus)*, die Schwarznessel *(Perilla nankinensis)* und die vielen Varietäten des Blumenrohres *(Canna indica)* mit ihren dekorativen grünen, bronzefarbenen oder gestreiften Blättern sind für diesen Zweck besonders geeignet, aber auch der stattliche weißblühende Ziertabak *(Nicotiana sylvestris)*, die grüne Form des Gartenfuchsschwanzes *(Amaranthus caudatus)* oder die grünen Kuppeln der *Kochia scoparia* – alles halbwinterharte einjährige Pflanzen – eignen sich vorzüglich als Blickpunkte inmitten eines Meeres von gemischten einjährigen Pflanzen, wenn der Kontrast nicht zu stark sein soll.

Gemischte Staudenrabatten

Die Gärtner des 19. Jahrhunderts verwendeten normalerweise krautige mehrjährige Pflanzen für ihre gemischten Rabatten. Einige wenige solcher Rabatten existieren noch heute und bieten einen prächtigen Anblick; auf der anderen Seite haben sie die gerade heute nicht zu unterschätzende Schwierigkeit, daß sie sich nur schwer instand halten lassen. Die benachbarten Pflanzen kämpfen ständig um ihr Überleben, und wenn man ihnen zu wenig Aufmerksamkeit widmet und sie über mehrere Jahre an einem Standort stehen läßt, werden die kräftigsten Pflanzen bald die schwächeren Arten überwuchert haben.

Aus diesem Grund gedeihen gemischte Staudenrabatten nur dann, wenn die Pflanzen regelmäßig herausgenommen und geteilt werden. Das Ausgraben, Teilen und Neupflanzen der oft tief verwurzelten Stauden macht aber viel mehr Arbeit als das Herausziehen abgestorbener einjähriger Pflanzen und das Neueinsäen im nächsten Frühjahr. Da außerdem jede Staude normalerweise größer wird und mehr Blüten trägt als die dichtgedrängten einjährigen Pflanzen, wirkt die teppichartige Staudenbepflanzung nur in größerem Maßstab befriedigend.

Die Blumenwiese

Eine Möglichkeit, eine pflegeleichte, teppichartig bepflanzte Rabatte mit Hilfe von Stauden anzulegen, besteht darin, sich die Natur zum Vorbild zu nehmen, d.h. man kann die Blumen zwischen niedrigwachsenden Gräsern verteilen und eine Blumenwiese gestalten. Der Pflanzenteppich erhält durch die Blüten der Gräser feinere Texturen, und die Arbeit des regelmäßigen Ausgrabens und Aufteilens der Pflanzen wird vermieden, da die Pflanzen durch die Gräser voneinander getrennt sind und ihr Kampf ums Überleben reduziert wird. Das jährliche Zurückschneiden und Säubern der Rabatte wird durch ein ein- oder zweimaliges Mähen im Jahr und, nicht zu vergessen, das Einsammeln des Heus ersetzt.

In den letzten Jahren erwachte in den Industrieländern ein immer größeres Interesse an Wildpflanzen. Man entdeckte ihren ganz eigenen Zauber und erfreute sich an den Schmetterlingen, den Finken und anderem wiesenliebenden Getier, das sich hier nach nicht allzulanger Zeit gerne einfindet. Es gibt keinen Grund, weshalb eine Blumenwiese im Garten auf einheimische Pflanzen beschränkt werden sollte. Pflanzen aus vergleichbaren Klimazonen können neben einheimischen Pflanzen verwendet werden, um einen »Wildgarten« nach dem Vorbild von William Robinson und seinen Zeitgenossen anzulegen. Europäische Storchschnabelarten, Amerikanische Lupinen, Japanische Anemonen und die verschiedenen Arten der Glockenblume, Spornblume und Skabiose aus der ganzen Welt können ihren Platz in einem größeren Wildgarten finden, der auf lockerem Grasland wächst. Verzichten Sie jedoch auf hochgezüchtete Formen mit zwei großen Blüten, die nicht in den Rahmen einer Blumenwiese passen würden.

Die befriedigendste Methode, eine Blumenwiese anzulegen, besteht meiner Ansicht nach darin, daß man das Gras im Herbst ganz heruntermäht und kräftige junge Sämlinge der blühenden Pflanzen in den kurz geschorenen Rasen setzt. Die kleinsten Pflanzen kann man mit Hilfe eines Pikierholzes, die größeren mit einem entsprechend größeren Werkzeug einpflanzen. Damit läßt es sich leichter arbeiten als mit einem Spaten oder mit einer kleinen Grabgabel. Das Gras muß im ersten Jahr nach der Pflanzung regelmäßig gemäht werden (einmal im Monat reicht normalerweise aus), damit die neuen Pflanzen nicht unter dem hohen Gras ersticken. Nach dieser Eingewöhnungszeit, in der die Blumen natürlich noch nicht blühen, muß die Wiese nur ein- oder zweimal im Jahr geschnitten werden, das hängt ganz davon ab, wie starkwüchsig das Gras ist und wie ordentlich die Wiese aussehen soll. Das abgeschnittene Gras muß zumindest nach dem ersten Schnitt im Jahr zusammengeharkt werden.

Eine gute teppichartige Bepflanzung wirkt zwar aus der Ferne, enthüllt ihre Reichtümer aber erst, wenn man sie von nahem betrachtet. Häufig dominiert eine Farbe, die durch weniger auffällige Farbtöne unterstützt wird. In diesem Staudenteppich gibt die kräftige Farbe der Lychnis chalcedonica *den Ton an. Aus nächster Nähe entdeckt man Blütenähren von Ehrenpreis, Wilder Karde, Kardendistel und Königskerze.*

PFLANZUNG IN GRUPPEN

In den meisten Katalogen rät man dazu, die jeweiligen Pflanzengruppen bei einer Gruppenbepflanzung aus mindestens drei bis sieben Arten bestehen zu lassen, denn Stauden wirken sehr viel besser, wenn sie in größeren Gruppen gesetzt werden. Der Umfang solcher Gruppen wiederum hängt von der Größe des Gartens ab. Jeweils drei Pflanzen reichen für den kleinsten Garten aus, fünf oder sieben Pflanzen sind notwendig für einen größeren Garten, während die Gruppen in großen Rabatten in Gärten von mindestens einem halben Hektar aus einem Dutzend Exemplaren oder mehr bestehen müssen.

Lange, bepflanzte Bänder sind wünschenswerter als quadratische Blöcke, da die Bänder nicht so auffällige Löcher in der Rabatte hinterlassen, wenn sie verblüht sind. Die Größe der Bänder sollte nach dem Pflanzentyp bemessen sein: kleine Gruppen auffälligerer Pflanzen, die Akzente setzen, und größere Bänder unscheinbarer Pflanzen, die den Grundstock der Rabatte bilden. In kleinen Rabatten könnte eine einzelne Pflanze des Trichterschwertels *(Dierama pulcherrimum)*, der Fackellilie *(Kniphofia)*, einer *Yucca* oder einer hohen Taglilie *(Hemerocallis)* den Akzent zwischen Gruppen aus sechs oder sieben Exemplaren Storchschnabel, Färberkamille *(Anthemis tinctoria)*, *Dicentra eximia* oder anderen runden Pflanzen bilden. In größeren Rabatten sind Gruppen aus drei, fünf oder sogar mehr dekorativen Pflanzen notwendig.

Für eine sehr lange Rabatte, die ich entworfen habe (s. S. 46), haben sich die folgenden Maße, die ich mir zur Faustregel gemacht hatte, bewährt: 1,50 m lange Gruppen als »Tupfer«, 3 m lange als »Fleck«, 4,50 bis 5 m lange als »Band« und 6 bis 8 m als »sehr breites Band«.

Bei jeder Gruppenbepflanzung muß man darauf achten, daß man jede Pflanzengruppe mit Nachbarpflanzen verbindet, die sie in irgendeiner Weise ergänzen. Die gebogenen schmalen Blätter und blaßgelben Blüten vieler Taglilien z. B. sehen besonders schön aus, wenn sie sich aus einem Teppich von zartem, purpurblauem Storchschnabel erheben. Wenn sie außerdem noch vor ein oder zwei dicken Tuffs der hohen Glockenblume *(Campanula lactiflora)* stehen, die den Farbton des Storchschnabels wieder aufnehmen, ist die Wirkung noch größer. Schafgarbe ist wertvoll im Garten wegen ihrer fein eingeschnittenen Blätter und ihrer langlebigen, flachen, gelben Blütenscheiben, die einen horizontalen Akzent in die Rabatte tragen. Miteinander verwobene Bänder der hohen Schafgarbe *(Achillea* 'Coronation Gold') und der viel niedrigeren *A.* 'Moonshine', durchsetzt mit den aufrechten Blütenkolben der blaßfarbigen Fackellilie *(Kniphofia* 'Maid of Orleans') oder der Sorte 'Little Maid' oder den weißen Blütenähren der Gelenkblume *(Physostegia virginiana* 'Summer Snow'), ergeben zusammen eine wundervoll kühle Komposition. Wo ein kräftigerer Farbton zwischen den Schafgarben gewünscht wird, bieten sich die verschiedenen Formen des Salbeis *(Salvia nemorosa)* mit seinen kräftig purpurblauen Blütenähren oder die blauen Kugelköpfe der winterharten Agapanthus als ideale Partner an.

Die Wiederholung einiger Hauptpflanzen in der Rabatte ist wichtig, doch sollten sich die Pflanzengruppen nicht in allzu strenger Regelmäßigkeit wiederholen. Gruppen aus Taglilien oder hohen Stockrosen, in Abständen von 9 m in die Rabatte gesetzt, vermitteln den Eindruck von zuviel Ordnung und wirken dadurch monoton. Eine wünschenswerte Ausgewogenheit von Einheit und Vielfalt läßt sich eher mit kleinen Tuffs erzielen, die hier und da aus einem Teppich Storchschnabel herauswachsen, mit größeren Gruppen im Hintergrund der Rabatte, durchwoben von Mengen von hohen Glockenblumen *(Campanula lactiflora)*, und mit kleineren Tuffs, die fast unmerklich in die Hügel aus gelber Schafgarbe oder Färberkamille *(Anthemis tinctoria)* übergehen.

Beim Arrangieren und Wiederholen von Pflanzengruppen kann man viel von den Anlagen japanischer Gärten lernen, insbesondere im Hinblick auf die starke optische Anziehungskraft eines ungleichseitigen Dreiecks. In japanischen Gärten läßt ein vertikaler Felsen, der außerhalb des Zentrums hinter einer horizontalen Wasserfläche plaziert ist, ein ungleichseitiges Dreieck entstehen. Wenn nun ein ungleichseitiges Dreieck – zum Beispiel der Felsen und das Wasser – mit einem anderen Dreieck – vielleicht in unregelmäßige Abstände gesetzte Pflanzentrios – ins Gleichgewicht

Mit großen, sich ergänzenden Pflanzengruppen lassen sich eindrucksvolle Gartenbilder schaffen. In dieser blaßfarbigen Herbstrabatte verschmelzen Astern, Fetthennen und Knöterich im Laub verblühter Pflanzen zu einer Einheit.

Sommerkleid

Diese Rabatte von ungefähr 20 m Länge wurde so geplant, daß sie im Hochsommer in voller Blüte steht und ein fein abgestimmtes Farbschema aufweist – vom dunklen Magentarot und Purpur bis hin zu Weiß am anderen Ende der Rabatte.

Den Grundstock der Rabatte bildet eine kleine Kollektion Rugosarosen, 'Roseraie de l'Hay', 'Hunter', 'Sarah van Fleet', die niedrige 'Frau Dagmar Hastrup' und 'Blanc Double de Coubert', aber auch Laubpflanzen spielen eine wichtige Rolle. Die Rabatte beginnt – wegen des blaugrünen Laubs an kräftigen aufrechten Zweigen – mit *Rosa glauca*, setzt sich dann fort mit weit auseinandergesetzten weiteren Rugosarosen, wobei zwischen den rosa Varietäten und 'Blanc Double' genügend Raum gelassen wurde für *Kolkwitzia amabilis*, die eine Fülle rosa Blüten auf dem Kalkboden der Rabatte hervorbringt, für den Sommerjasmin *(Philadelphus* 'Belle Etoile') mit seinen purpurgetönten, weißen Blüten und für den Flieder *(Syringa laciniata)*, der schon früher im Jahr blüht.

Wo die Farben am dunkelsten sind, ist die Rabatte mit dem 'Satinblatt' *Heuchera americana*, einem Trio aus Fetthenne *(Sedum telephium maximum* 'Atropurpureum') und der feiner texturierten *Hebe* 'Bowles Hybrid' eingefaßt. Rings um die magentarote 'Roseraie de l'Hay' setzt sich das Thema fort mit dem Perückenstrauch *(Cotinus coggygria* 'Royal Purple'), der immer wieder beschnitten wird, damit er nicht über die Rose hinauswächst, einer purpurfarbenen Berberitze, den purpurblättrigen Formen des Zierrhabarbers *(Rheum palmatum)*, Fenchel und den kräftig magentaroten Blüten des Storchschnabels *(Geranium psilostemon)*, gefolgt von Bartfaden *(Penstemon* 'Garnet') in einem gedämpfteren dunklen Purpurrot. Andere Sorten des Bartfadens – einige mit Namen und andere über viele Jahre als Stecklinge von Freunden erworben – setzen die Farbabstufung über Karmesin, Rosa und Weiß fort, zusammen mit Bartnelken, die in ihren Farben passend zum Schema ausgewählt wurden. Auch hohe, großblütige Cosmeen sollten den gleichen Zweck erfüllen, aber da keine einfarbigen Samenzüchtungen zu bekommen waren und man die Pflanzen nicht so lange in Töpfen lassen konnte, bis man ihre Farbe hätte identifizieren können, wurden sie auf gut Glück in die Rabatte gepflanzt.

Ein Stück weiter bilden die rosa Rosen zusammen mit einer sehr blassen Sorte des Storchschnabels *(Geranium endressii)*, dem Fingerkraut *(Potentilla* 'Princess') und rosa Bartfaden eine farbliche Harmonie. Der Grundfarbton wird allmählich Lavendel mit langen Bändern aus Katzenminze und dem hohen Bartfaden (Penstemon 'Alice Hindley'). Die gleiche Farbe in einer blasseren Tönung besitzt der Storchschnabel *(Geranium renardii)*, der sehr früh blüht.

Dieser Farbwechsel stellt eine Verbindung zwischen den rosa und weißen Rosen her, aber hier und da tauchen als Unterpflanzung weißblühende Pflanzen auf, wie z. B. Löwenmäulchen, Ziertabak *(Nicotiana affinis)* und die Bechermalve *(Lavatera* 'Montblanc'), die abwechslungsreicheren Stauden wie der Wiesenraute *(Thalictrum aquilegifolium)*, dem geisterhaften Felberich *(Lysimachia ephemerum)*, dem weißen *Agapanthus* und der cremeweißen *Clematis recta* 'Purpurea' zur Einheit verhelfen. Inmitten dieses Teppichs stehen

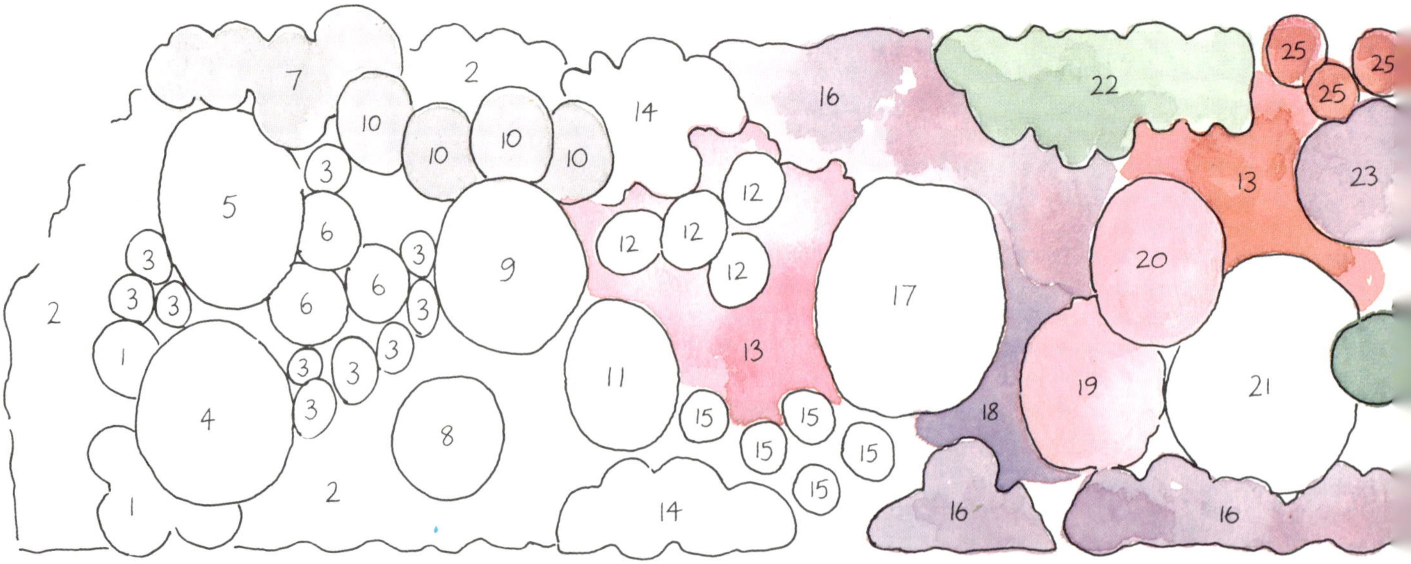

hier und da verstreut ein paar weißblühende Sträucher: der Fingerstrauch *(Potentilla* 'Vilmoriniana') mit seinen grauen Blättern, die frühblühende Duftblüte *(Osmanthus delavayi)*, der frühlingsblühende Spierstrauch *(Spirae nipponica* 'Snowmound') und der süß duftende Sommerjasmin *(Philadelphus microphyllus)*. Die Beeteinfassung verblaßt vom zartrosa *Geranium renardii* über eine grünlichweißblühende Form des *Sedum spectabile* zu dem schneeweißen Perlpfötchen *(Anaphalis nubigena)*, wobei die etwas schwer miteinander zu vereinbarenden Fetthennen und Perlpfötchen von ein paar dunkelblättrigen, weißen Löwenmäulchen getrennt werden.

Außer den magentaroten Gladiolen *(Gladiolus communis byzantinus)* unter dem Perückenstrauch und dem sehr dunklen Lauch *(Allium sphaerocephalon)* für die spätere Jahreszeit könnten noch eine Menge anderer Pflanzen in der Rabatte untergebracht werden. Aber die Gemeinschaft von ein paar Pflanzen in verschiedenen, dicht beieinanderliegenden Farbtönen, die noch durch ein paar andere blühende Sträucher und Laubgehölze unterstrichen werden, reichen für die Komposition eines ungemein schönen Bildes aus.

1 *Agapanthus* 'Headbourne Hybrids'
2 *Antirrhinum* (weiß) (Löwenmaul)
3 *Lavatera* 'Mont Blanc'
4 *Spiraea nipponica* 'Snowmound' (Spierstrauch)
5 *Osmanthus delavayi* (Duftblüte)
6 *Nicotiana affinis* (Tabak)
7 *Anaphalis nubigena* (Perlpfötchen)
8 *Potentilla* 'Vilmoriniana' (Fingerkraut)
9 *Clematis recta* 'Purpurea' (Waldrebe)
10 *Lysimachia ephemerum* (Felberich)
11 *Philadelphus microphyllus* (Sommerjasmin)
12 *Thalictrum aquilegifolium*
13 *Cosmos* (Schmuckkörbchen)
14 *Sedum spectabile* (weiß) (Fetthenne)
15 *Penstemon* (weiß) (Bartfaden)
16 *Nepeta x faassenii* (Katzenminze)
17 *Rosa rugosa* 'Blanc Double de Coubert' (Kartoffelrose)
18 *Penstemon* 'Alice Hindley' (Bartfaden)
19 *Fuchsia magellanica molinae* (Fuchsie)
20 *Potentilla* 'Princess' (Fingerkraut)
21 *Philadelphus* 'Belle Etoile' (Sommerjasmin)
22 *Geranium renardi* (Storchschnabel)
23 *Syringa laciniata* (Flieder)
24 Rosmarin
25 *Penstemon* (pinkfarben) (Bartfaden)
26 *Kolkwitzia amabilis*
27 *Rosa rugosa* 'Sarah van Fleet' (Kartoffelrose)
28 *Rosa rugosa* 'Frau Dagmar Hastrup' (Kartoffelrose)
29 *Rosa rugosa* 'Hunter' (Kartoffelrose)
30 *Rosa rugosa* 'Roseraie de l'Hay' (Kartoffelrose)
31 *Geranium endressii* (Storchschnabel)
32 *Penstemon* (rot) (Bartfaden)
33 Bartnelke (karnesinrot)
34 *Geranium psilostemon*
35 *Rheum palmatum* 'Atropurpureum' (Rhabarber)
36 *Cotinus coggygrea* 'Royal Purple' (Perückenstrauch)
37 *Bartnelke (margentarot)*
38 *Rosa glauca* (Rose)
39 Fenchel
40 *Penstemon* 'Garnet' (Bartfaden)
41 *Berberis thunbergii atropurpurea* (Sauerdorn, Berberitze)
42 *Hebe* 'Bowles' Hybrid' (Strauchveronika)
43 *Sedum telephium maximum* 'Atropurpureum' (Fetthenne)
44 *Heuchera americana* (Purpurglöckchen)

LINKS: *In dieser Staudengruppierung bilden Spornblumen und Salbei* (Salvia x superba) *einen schönen Kontrast zu den grauen Trieben der* Artemisia ludoviciana*; niedrige Nelken,* Sedum spectabile *und die schlanken Blütenähren des Leinkrauts* (Linaria purpurea *'Canon Went') sorgen für Abwechslung. Ringsherum angeordnete Pflanzen verbinden diese harmonische Gruppe mit der Rabatte.*

RECHTS: *Große Mengen einer Blumenart schaffen auffällige, aber schnell vergängliche Effekte. Was aus der Entfernung auf einer Wildwiese wie eine durchgehende Fläche aus Mohn aussieht, entpuppt sich bei näherer Betrachtung als ein Feld vieler einzelner entzückender Details.*

gebracht wird, ist die Anziehungskraft des Kontrapunkts noch stärker.

Wenn man in der Blumenrabatte Pflanzen in solchen Dreieckgruppen arrangiert und diese wiederum so im Garten verteilt, daß sie Dreiecke in einem größeren Maßstab bilden, entsteht ein Eindruck von Einheit, der mit der Wirkung japanischer Gärten vergleichbar ist. So wird das Auge von einer Pflanzengesellschaft zur nächsten gelenkt, und es scheint, als sei die ganze Rabatte mit Blumen gefüllt, obwohl den früher- und späterblühenden Pflanzen noch viel Platz vorbehalten ist.

Wichtig ist, daß in den Pflanzengruppen ein harmonisches Gleichgewicht hergestellt wird; das wirkt zum einen äußerst ästhetisch und strahlt zudem eine ungeheuere Ruhe aus – also genau das, was der meist gestreßte Mensch in der heutigen Zeit braucht.

GROSSFLÄCHIGE BEPFLANZUNG

Größere Flächen, die nur mit einer oder zwei Pflanzenarten bedeckt sind, lassen ein Gefühl von Weite entstehen, und sie sind problemlos zu vewirklichen. Der Reiz einer solchen Bepflanzung liegt wohl darin, daß ihre Vergänglichkeit das Vorübergehen der Jahreszeiten betont, wenn sie etwa die großen Farbflächen aus Mohn, blauen Glockenblumen oder Butterblumen auf den Feldern und im Wald nachzuahmen versucht.

Diese einfachen Bepflanzungsgruppen sind eine große Attraktion in größeren Gärten, in denen sie, wenn die Blütezeit vorüber ist, allein durch ihr Grün wirken. Eine Lichtung, die von Forsythien umgeben und mit frühen Narzissen bedeckt ist, oder ein mit Traubenhyazinthen

unterpflanzter Hain aus Kirschen bieten jeweils Bilder von atemberaubender Schönheit, wenn sie in voller Blüte stehen, und bilden in den anderen Jahreszeiten beruhigende gründe Flächen im Garten.

In einem kleinen, eher etwas vernachlässigten Garten, an dem ich immer wieder vorbeigekommen bin, war eine kreisförmige Rasenfläche vollständig mit Spiersträuchern *(Spiraea x vanhouttei)* umpflanzt. Im Sommer boten sie ein herrliches Bild, wenn ihre zu Boden neigenden Zweige mit Blüten bekränzt waren; aber auch ihr sanftes graugrünes Sommerlaub, ihr feines rötlichbraunes Herbstlaub und ihr kahles braunes Astwerk im Winter wären in dem Durcheinander einer gemischten Bepflanzung unbemerkt geblieben. Die meisten eifrigen Gärtner hätten zumindest einige frühlingsblühende Zwiebelpflanzen hinzugefügt, um möglichst früh im Jahr etwas Farbe im Garten zu haben. Das wäre sicherlich nicht falsch, aber der Wert einer einfachen Bepflanzung wurde hier mit Hilfe dieses Spiräenkreises vor Augen geführt.

Dauerhafte Schönheit

Was in der Natur wie eine Masse einer einzigen Blumensorte wirkt, ist normalerweise das vorübergehende Ergebnis einer vielfältigen Flora. Sogar während ihres Höhepunktes löst sich diese zusammenhängende Blütenfläche bei näherer Betrachtung in weit voneinander getrennte Gruppen auf, die nur einen kleinen Teil der gesamten Fläche bedecken.

Aus der Komplexität natürlicher Pflanzengemeinschaften läßt sich ablesen, daß es möglich ist, einer großflächigen Bepflanzung nicht nur flüchtige, sondern dauerhafte Schönheit zu verleihen, so daß Ihnen Ihr Garten das ganze Jahr über Freude bereitet. Um dieses Problem zu lösen, entwirft man am besten eine großflächige Bepflanzung im Gras mit einander ablösenden Pflanzengruppen: *Crocus tommasinianus* im Spätwinter könnte von kleinen Narzissen und den hohen weißen Narzissen 'Pheasant's Eye' abgelöst werden. Wenn das Gras gemäht ist, könnten Glockenblumen, Feldskabiosen und Herbstkrokusse (entweder echte Krokusse oder Herbstzeitlose) die Reihe fortsetzen. Sind sie verblüht, könnte das Gras dann zum zweiten Mal gemäht werden.

NATÜRLICHE VIELFALT

In einer großen Rabatte nehmen sich wiederholte Gruppen einer einzigen Pflanze – selbst wenn sie nur ein Zehntel der gesamten Rabatte bedecken – aus geringer Entfernung wie eine weitflächige Bepflanzung aus. Mit zwei oder drei verschiedenen miteinander verwobenen Pflanzarten kann man herrliche Farbmosaike kreieren und zugleich genügend Raum schaffen, um frühere oder spätere Kombinationen und kleinere Gruppen aus reizvollen, aber weniger einfachen oder weniger augenfälligen Blumen einzufügen.

Ein Schema dieser Art kann z. B. mit großen Gruppen aus Gemswurz *(Doronicum)*, frühen Wolfsmilcharten *(Euphorbia)* und *Brunnera macrophylla* beginnen, mit einem Meer aus Pfingstrosen und Iris fortfahren, im Hochsommer von Taglilien, Phlox und der Glockenblume *(Campanula lactiflora)* abgelöst werden, um im Herbst mit dem eigentlichen Höhepunkt aus Herbstastern und den neueren wertvollen Züchtungen der Goldrute abzuschließen – eine Saison voller Schönheit mit nur zehn Hauptpflanzen.

In den wunderbaren Rabatten, die Graham Stuart Thomas für Killerton Garden in Devon entworfen hat, waren frühblühende Bergenien mit *Hebe rakaiensis*, *Santolina chamaecyparissus*, der cremefarbenen *S. pinnata neapolitana* und Lavendel zu einem Sommerbild verwoben, und das Johanniskraut *(Hypericum* 'Hidcote') zusammen mit auffallenden Horsten von *Yucca* verlängerten die Blütezeit bis in den Herbst. Alle diese Pflanzen sind immergrün oder halbimmergrün.

Ein großer Vorteil dieses Schemas besteht darin, daß es problemlos instandgehalten werden kann. Da solche Rabatten große Mengen von nur wenigen unterschiedlichen Pflanzentypen enthalten, kann man die vertrockneten Blütenköpfe abschneiden, die Pflanzen zurückschneiden oder sie mit Pestiziden behandeln, wenn es erforderlich ist.

Die Wiederholung von Pflanzenformen trägt zur Einheit eines Bepflanzungsschemas bei. Hier ergänzen die Blütenähren von hellem und dunklem Salbei die überhängenden Blütenstengel gelber Taglilien. Die Farbe der Taglilien wird von den schaumigen, zartgelben Blüten des Frauenmantels (Alchemilla mollis) *in großflächiger Form wiederaufgenommen.*

Oder Sie greifen auf Techniken zurück, die in größeren Gartenanlagen Anwendung finden. Das Abschneiden der vertrockneten Blütenköpfe und das Zurückschneiden und Säubern der Rabatte am Ende der Saison kann sogar mit einer kräftigen Heckenschere oder einem elektrischen Mäh- oder Schneidegerät bewerkstelligt werden.

Falls Sie ausreichend Zeit und Lust haben, läßt sich dieser Entwurf auf einfache Weise variieren und verschönern. Hier und dort verstreute Laubhügel von Taglilien verhelfen als idealer Hintergrund goldenen Narzissen und Gemswurz zu einer harmonischen Einheit, und verstreute Gruppen aus Stockrosen oder Königskerzen setzen vertikale Akzente und erweisen sich als wertvolle Bereicherung des Grundschemas. In einem großen Garten ist es sinnvoll, mit einem einfachen Schema zu beginnen und es nur dann weiterzuentwickeln, wenn Sie genügend Zeit haben, um eine komplizierte Bepflanzung instand zu halten, da sonst der Garten, der ja immer eine Quelle der Freude sein soll, zu einer zeitraubenden Plage wird.

In dieser gemischten Rabatte werden die Vorzüge jeder Pflanze durch ihre Nachbarpflanzen noch verstärkt. Kletterrosen, Spornblumen, einjähriger Mohn und Veilchen vermischen sich mit Fetthennen und Sonnenröschen zu einem farbenprächtigen Bild.

DIE GEMISCHTE RABATTE

Rabatten, die aus einem einzigen Pflanzentyp – d. h. einjährigen Pflanzen oder Stauden – bestehen, sind leichter zu bearbeiten als Rabatten, auf denen beide Pflanzentypen kombiniert sind. Beide Typen haben jedoch ihre Schwächen und Stärken, und Mischungen aus mehreren Pflanzen mit verschiedenen Wachstumseigenschaften geben wiederum die Möglichkeit, aus den Vorteilen der verschiedenen Pflanzen Nutzen zu ziehen.

Blühende Bäume und Sträucher z. B. brauchen mehrere Jahre, um eine stattliche Größe zu erreichen, werden aber möglicherweise zu groß, wenn sie nicht regelmäßig sachkundig beschnitten werden. Eine breite Auswahl an Sträuchern ist das ganze Jahr über erhältlich, aber wenn die Blütezeit vorbei ist, entsteht eine große Farblücke.

Stauden dagegen erreichen schon im ersten Jahr nahezu ihre endgültige Höhe und setzen auch dann schon die ersten Blüten an. Da sie jedes Jahr neu vom Boden in die Höhe wachsen und normalerweise im Frühling damit beginnen, werden sie im Vergleich zu vielen Sträuchern nicht sehr hoch. Ihre Hauptblütezeit beginnt im Frühsommer, obgleich es natürlich auch einige reizvolle Pflanzen gibt, die im Winter und frühen Frühjahr blühen. Die entscheidenden Nachteile von Stauden bestehen darin, daß sie jeden Herbst bis zum Boden zurückgeschnitten werden müssen und nackte reizlose Flecken hinterlassen und daß viele Pflanzen außerdem jedes Jahr herausgenommen und geteilt werden müssen.

Die Vorzüge einjähriger Pflanzen sind offensichtlich. Aufgrund ihres schnellen Wachstums und ihres Blühens über einen verhältnismäßig langen Zeitraum hinweg verdienen sie einen Platz in den meisten Gärten. Am Ende der Saison hinterlassen sie aber nur vertrocknete Reise und Jahr für Jahr muß der Boden mühsam vorbereitet, ausgesät und pikiert werden. Außerdem lassen sich einjährige Pflanzen am schwersten vor den starkwüchsigen einjährigen Unkräutern beschützen.

Zwiebelgewächse sind berühmt für ihre leuchtenden Blüten, und viele unter ihnen sind langlebige und pflegeleichte Gartenpflanzen, die zuverlässig im Spätwinter und frühen Frühjahr blühen. Auf dieses willkommene Blütenschauspiel folgt aber eine lange Periode, in der das Laub abstirbt, und eine noch viel längere Periode nackten Bodens, die sich normalerweise über den Sommer und Herbst erstreckt.

In der gemischten Rabatte bilden Sträucher das ganze Jahr über das Grundgerüst der Rabatte und sorgen für Blüten zu unterschiedlichen Jahreszeiten. Stauden füllen in den ersten Jahren den Boden viel schneller und bereichern die Rabatte mit einen Reihe von Laubtypen, die winterharte Sträucher nicht bieten können. Sie bedecken den Boden zu Füßen der Sträucher und unterbinden so das Unkrautwachstum. Entscheidend ist aber vor allem, daß Stauden ihren Boden mit frühlingsblühenden Zwiebelpflanzen teilen können, wobei ihr junges Laub einen schönen Rahmen für die Blüten der Zwiebelgewächse im Frühling bildet. Wenn deren Zeit vorüber ist und das Laub häßlich zu werden beginnt, wachsen die Stauden weiter, verbergen unter ihrem Laub allmählich die absterbenden Überreste und bringen ihrerseits im Sommer oder im Herbst ihre reizvollen Blüten hervor. Im Winter werden die absterbenden Blütenstiele der Stauden bis zum Boden abgeschnitten, und die leer gewordenen Flecken bedecken sich allmählich wieder mit den hervorsprießenden Blättern und dann den Blüten der Zwiebelpflanzen.

Das Schema kann weiter bereichert werden, indem man in der Rabatte Lücken für farbenprächtige einjährige und frostempfindliche mehrjährige Pflanzen läßt, die den ganzen Sommer über blühen. Am Ende der Saison werden sie herausgenommen und vielleicht durch frühlingsblühende zweijährige Pflanzen und Tulpen ersetzt. Und schließlich können noch viele der schlankeren und reizvollen ein- und zweijährigen Kletterpflanzen durch Sträucher und über kräftigere Stauden hinweggezogen werden, um entweder mit ihnen in der Blüte zu harmonieren oder die Blütezeit zu verlängern.

Die ganz komplizierten Pflanzenmischungen dieser Art lassen sich nur in kleinstem Maßstab verwirklichen, aber gerade in solchen verhältnismäßig kleinen Gärten sind sie von unschätzbarem Wert.

FARBKOMPOSITIONEN

Eines der entzückendsten Merkmale des englischen Blumengartens um die Jahrhundertwende war ein Gartenteil innerhalb eines großen Gartens, der nur einer einzigen Blume – im allgemeinen der Rose, der Pfingstrose oder der Iris – gewidmet war. Die typischen Merkmale solcher Gärten sind genau die gleichen wie bei einer großflächigen Bepflanzung mit nur ein oder zwei Pflanzenarten (s. S. 64), nämlich ein kurzes, aber großartiges Schauspiel von jahreszeitlicher Schönheit zu bieten, obgleich im Falle des Rosengartens die Blütenhochzeit im Sommer durch die Züchtung dauerblühender Hybriden verlängert wurde. Die Blütezeit in den Iris- und Pfingstrosengärten war auf jeden Fall sehr kurz, aber beide Pflanzen besitzen reizvolles Laub (moderne Bartiris sind in dieser Hinsicht weniger überzeugend), und beide Gartentypen wurden wie der Rosengarten in reizvollen Mustern angelegt – zum Beispiel mit Steinumrandungen oder niedrigen Hecken –, um die Geometrie zu betonen. Außerdem waren sie alle reichlich mit Skulpturen, Sonnenuhren, Sitzplätzen und anderen akzentsetzenden Elementen ausgestattet. Der Garten, der nur einer Blume gewidmet war, sollte die Blütenpracht einer Jahreszeit unterstreichen und in den übrigen Jahreszeiten eine Oase der Ruhe sein.

Der »einfarbige« Garten hatte viel Ähnlichkeit mit der gemischten Rabatte. Diese Rabatten oder Gärten waren vorwiegend mit Stauden bepflanzt, die mit halbwinterharten einjährigen Pflanzen wie Löwenmäulchen, Französischen und Afrikanischen Ringelblumen, Salbei *(Salvia patens)* und Kressen zu besonderer Wirkung gebracht wurden. Aber auch graulaubige Rauten und Tamarisken, goldene Stechpalme *(Ilex)*, Liguster und Aukuben lieferten für die Farbschemen den passenden Gehölzhintergrund.

Eine einfarbige oder »einblumige« Zusammentstellung ist selbst im kleinsten Garten von unschätzbarem Wert.

Weiße Rosen, glänzendes Kreuzkraut und die gefüllten Blüten des Mutterkrauts kommen inmitten des feintexturierten, graugrünen Laubs zu großer Wirkung. Vereinzelte Farbpunkte von Lavendel, gelbem Heiligenkraut und blauem Rittersporn setzen kleine farbige Akzente und wirken wie eine angenehme Überraschung in diesem Garten.

Ein Blick aus dem Fenster

Dieses Schema, das zu Beginn des Jahres vom Fenster aus einen schönen Anblick bieten soll, bedeckt nur eine Fläche von ein paar Quadratmetern. Es ist Bestandteil einer großen Rabatte in einem Blumengarten, die drei Seiten einer Rasenfläche einfaßt. Die vierte Seite wird teilweise von einem kleinen Obstgarten eingerahmt, der mit frühlingsblühenden Zwiebelgewächsen unterpflanzt ist. Die Rabatte erstreckt sich vom Haus zu dem Obstgarten, und das hier beschriebene Schema liegt am oberen Ende der Rabatte und wird vom Haus aus über eine niedrige Terrassenmauer hinweg wahrgenommen.

Wegen der dominanten Farbe der Backsteinmauer ist die Rabatte im wesentlichen in Orange- und warmen Gelbtönen gehalten. Dazwischen entdeckt man ein paar lavendel-purpurfarbene Flecken und hier und da einige weißblühende Pflanzen.

Das Schema besitzt keine genau festgelegten Grenzen, sondern geht mit außenliegenden Gruppen aus frühblühenden Pflanzen in andere Teile der Rabatte über und wird seinerseits von späterblühenden Pflanzen »unterwandert«. Die Saison beginnt mit unregelmäßigen Flecken aus Winterlingen *(Eranthis hyemalis)* zwischen verstreuten Gruppen Baldrian *(Valeriana phu* 'Aurea'), während zu dieser Zeit andere Baldriangruppen die Rabatte mit entfernter gelegenen Teilen des Gartens verbinden. Im Spätwinter werden die Winterlinge durch frühe Narzissen ersetzt, durch die kecke Narzissenhybride *(Narcissus cyclamineus* 'Tête à Tête'), die gelbgrünen frischen Triebe der frühen Taglilien *(Hemerocallis* 'Corky' und *H.* 'Golden Chimes') und des weißen Phlox und die leuchtendgrünen »Halskrausen« der verblühten Winterlinge.

Wenn dann auch die Narzissen verblüht sind, beginnt sich das Farbschema »aufzuwärmen«. Die bemerkenswerten rosa- und cremefarbenen Knospen des Ahorns *(Acer pseudoplatanus* 'Brilliantissimum') und die mehr orangegelben Blatttriebe des Spierstrauchs *(Spiraea japonica* 'Goldflame') beginnen sich auszubreiten, und ihre leuchtende Blattfarbe wird von den duftenden orangefarbenen Tulpen 'General de Wet' und den goldgelben Blütenähren des Goldlacks *(Cheiranthus cheiri* 'Harpur Crewe') aufgenommen. Die leuchtenden immergrünen Blätter dieses perennierenden Goldlacks sind etwas dunkler in der Farbe als die danebenstehende *Hebe rakaiensis.* Zu dieser Mischung aus Blüten und Blättern gesellen sich allmählich die leuchtendorangefarbenen Rosetten der Wolfsmilch *(Euphorbia griffithii)* und die leuchtendorangefarbene und gelbe Nelkenwurz *(Geum* 'Borisii' und *G.* 'Georgenberg'), die man zusammen an die Vorderfront der Rabatte gesetzt hat, wo ihre dichten Blattrosetten einen schönen Rand bilden. Und schließlich steuern die Taglilien mit ihren eleganten sattgelben Blüten ihren eigenen warmen Farbton bei. Diese Stauden stehen vor einem Hintergrund aus Spiersträuchern und einer Berberitze *(Berberis darwinii)*, sowie den robusten Kreuzungen *Berberis x stenophylla* weiter hinten, die alle ihren Beitrag zu dem orangenfarbenen Schema leisten.

Im Frühsommer sind die meisten Blumen verblüht, aber die Taglilien blühen mindestens noch einen weiteren Monat, die Wolfsmilch behält ihren orangenen Farbton sogar noch länger, und der *Phlox paniculata* 'Mia Ruys', der vor ungefähr sechs Monaten einen schönen Laubrahmen für Winterlinge und Narzissen bot, bringt jetzt seine großen weißen Blüten hervor. In den ersten ein oder zwei Jahren nach der Pflanzung blieb noch genügend Raum für dunkelorangefarbene Ringelblumen und die viel zu sehr vernachlässigte mexikanische Sonnenblume *Tithonia rotundifolia,* die später für Farbe sorgte. Obgleich jetzt für diese einjährigen Pflanzen kein Platz mehr vorhanden ist, bieten die vielfäligen Grüntöne der dauerhaften Pflanzen einen schönen Anblick und bilden einen passenden Rahmen für Rosen, Johanniskraut, Mädchenauge, Schafgarbe und andere späterblühende Blumen weiter hinten im Garten.

1 *Berberis x stenophylla* (Sauerdorn, Berberitze)
2 *Hypericum* 'Hidcote' (Johanniskraut)
3 Rosen und andere Sommerblumen
4 *Euphorbia griffithii* (Wolfsmilch)
5 *Berberis darwinii* (Sauerdorn, Berberitze)
6 *Spiraea japonica* 'Goldflame' (Spierstrauch)
7 *Hebe rakaiensis* (Strauchveronika)
8 *Bergenia cordifolia* (Löffelblatt)
9 *Cheiranthus cheiri* 'Harpur Crewe' (Goldlack)
10 *Phlox paniculata* 'Mia Rhuys' (Phlox)
11 *Acer pseudoplatanus* 'Brilliantissimum' (Bergahorn)
12 *Tulipa* 'General de Wet' (Tulpe)
13 *Eranthis hyemalis* (Winterling)
14 *Narcissus cyclamineus* 'Tête à Tête' (Narzisse)
15 *Hemerocallis* 'Corky' und H. 'Golden Chimes' (Taglilie)
16 *Valeriana phu* 'Aurea' (Baldrian)
17 *Geum* 'Borisii' und G. 'Georgenberg' (Nelkenwurz)
18 *Potentilla* 'Tangerine' (Fingerkraut)

Links: Eine Mischung aus blauen und weißen Tönen schafft ein freundliches und entspannendes Farbschema. Die kompakte Form des beschnittenen Buchsbaumes bringt die zarte Schönheit der Salbeiarten Salvia interrupta *und* S. x superba, *des Rittersporns und der Veilchen, zusammen mit weißen Malven und Mutterkraut, noch besser zur Geltung.*

*Rechts: Bandförmige Gruppen der Schafgarbe (*Achillea Moonshine'*) und bräunlich-orangefarbener Alant, der eine große Gruppe aus zweifarbigen Fackellilien einrahmt, fügen sich zu einer harmonischen, warmen Farbkomposition zusammen. Die schmalen spitzen Blattformen der Fackellilien wiederholen sich bei dem überhängenden Laub des Chinaschilfs (*Miscanthus*) und den Matten schwertförmiger Irisblätter, die den Weg säumen. Farben und Formen sind geschickt miteinander verwoben.*

Man kann sich für eine bestimmte Zeit auf eine besondere Pflanze konzentrieren und sie ergänzen, wenn sie in Blüte steht, und sie durch andere Arten ersetzen, wenn sie verblüht ist.

Auf einem guten alkalischen Lehmboden z. B., auf dem Pfingstrosen gedeihen, kann die Pfingstrosenrabatte oder der Pfingstrosengarten mit kleinen Zwiebelgewächsen, die zu Beginn des Frühjahrs blühen, unterpflanzt werden. Die Pfingstrosen beherrschen dann im Frühsommer das Gartenbild und können später von Lilien und Clematis, die im Spätsommer und Herbst blühen, abgelöst werden. Iris, die besser auf leichtem Boden gedeihen, kann man ebenfalls mit frühlingsblühenden Zwiebeln unterpflanzen und schlanke, winterharte einjährige Pflanzen wie Clarkien, Schleierkraut, einjährigen Rittersporn und Skabiosen dazwischensäen, um den feinen Farbton der Iris bis in den Hochsommer fortzusetzen.

In einem Garten mit festgelegtem Farbschema buhlen die Pflanzen nicht so sehr darum, sich unter den anderen hervorzutun, sondern sie bringen sich vielmehr gegenseitig zur Geltung. Mit einer oder zwei blühenden Pflanzen und anderen, die hier und dort ein paar Knospen ansetzen, wirkt der Garten viel farbenprächtiger, als er tatsächlich ist.

Farbiges Laub kann eine unterstützende Rolle in der Rabatte spielen, indem es dem Schema Strenge und Dauerhaftigkeit verleiht: graues Laub im weißen Garten, purpurblättrige Pflanzen zwischen feuerroten und orangefarbenen Blüten oder gold panaschierte Pflanzen in der gelben Rabatte.

Auswahl der Farben

Einige Menschen bevorzugen ganz bestimmte Farben, was sich an ihrer Kleidung, ihrer Wohnungseinrichtung und logischerweise auch an Ihren Gärten ablesen läßt, bei anderen wiederum diktieren das Haus oder die Umgebung die Lösung. Leuchtend roter Backstein harmoniert nicht mit Purpur- und Rosatönen, so daß in diesem Fall ein Garten in Orange und Goldgelb sehr viel besser passen würde. Verwitterter Stein besitzt eine Menge feiner Farbnuancen, die mit Hilfe einer subtilen Pflanzenzusammenstellung aufgenommen werden können, während weiß gestrichene Mauern einen perfekten Hintergrund für reine, leuchtende Farben abgeben: rote, blaue und rosafarbene Blumen mit dunklem Laub. Rings um einen sonnigen Innenhof nimmt graues Laub mit weißen und blaßgelben Blüten die Helligkeit des Gartenraumes wieder auf, während in einem von Bäumen beschatteten Garten die blaß gelb-grünen Blätter und weißen Blüten der Glockenblumen *(Campanula persicifolia alba* und *C. latifolia alba)* und des Ziertabaks *(Nicotiana alata)*, weiße Lilien und weißer Fingerhut nicht nur den Schatten aufhellen, sondern auch zu dem Waldlandcharakter passen. Rings um ein Haus mit großen Fenstern wirkt es besonders apart, wenn die im Inneren verwendeten Farbzusammenstellungen auf den Garten ausgedehnt werden.

Grünlich-weiße und kräftige gelbe Blüten, wie die Blüten von Narzissen und Forsythien, besitzen einen kühlen Waldlandcharakter, wie übrigens das meiste goldfarbene Laub. Graues Laub und die kalkig-weißen und cremig-gelben Farbtöne wirken insgesamt weicher oder wärmer, und wenn sie mit Blumen in einem reinen Blau kombiniert werden, sehen sie erfreulich frisch und sommerlich aus. Blumen in kräftigerem Gelb lassen eine leuchtendere und sonnigere Wirkung entstehen. Dunkelgelbe bis kupferfarbene Töne zusammen mit Orange und Scharlachrot erzeugen eine Wärme, die durch die Verbindung mit bronzepurpurfarbenem Laub verstärkt wird. Rot- und Purpurtöne und dunkles Laub erzeugen einen Reichtum von ruhigerer Art. Viele Menschen lieben die satten Magenta- und Purpurtöne alter Rosen, von Bartfaden, Fingerhut und Storchschnabel *(Geranium psilostemon)*. Mit den blasseren Rosen, den verschiedenen Arten des Storchschnabels und Bartfadens in einem Apfelblütenrosa und mit Akelei, Lauch und Katzenminze verblassen die Purpur- und Rosatöne zu sanften Farben und enden schließlich bei dem Grau-Weiß-Thema eines weißen Gartens.

BEETBEPFLANZUNG MIT SOMMERBLUMEN

Hier werden streng angelegte Beete in dichten Reihen üppig bepflanzt, um für einen verhältnismäßig kurzen Zeitraum ein farbenprächtiges Schauspiel zu bieten. Im Sommer werden die Beete mit halbwinterharten einjährigen Pflanzen und nicht mit winterharten Stauden bepflanzt, um dann von frühjahrsblühenden zweijährigen Pflanzen und Zwiebelgewächsen abgelöst zu werden. Diese Methode hatte ihren Höhepunkt in den großen Gartenanlagen des späten 19. Jahrhunderts, deren kunstvoll gestaltete geometrische Muster mit Tausenden von leuchtenden, nicht winterharten Stauden bepflanzt wurden. Gärtner von heute können sich durchaus von den erfindungsreichen Mustern und Farbzusammenstellungen, die man in alten Büchern entdecken kann, inspirieren lassen und versuchen, sie auf ihre eigenen Entwürfe übertragen.

Die gelungensten Pflanzenkompositionen beruhen auf einfachen Mustern und harmonischen Farbgruppierungen: reines Gelb mit ein paar Tupfern der Komplementärfarbe

RECHTS: Eine faszinierende Buchsspirale sorgt dafür, daß diese Komposition auch im Winter reizvoll bleibt. Eine Bepflanzung mit Kapuzinerkresse verwandelt die Beete in ein farbenprächtiges Spiralmuster, das man aus den großen, streng gestalteten Gärten des 17. und 19. Jahrhunderts kennt. Hier wurde das Muster für einen modernen Vorgarten übernommen.

LINKS: Kleinblütige Varietäten der Französischen Ringelblume sind eine ideale Randbepflanzung für die Blumenrabatte. Mit ihrem gefiederten Laub und ihren fein proportionierten Blüten lassen sich genaue, aber zugleich bezaubernde zwanglose Effekt erzielen.

Blau; weiße und blaue Blumen mit grauem Laub; Karmesin und Kupfer oder eine kräftige Mischung aus Gelb, Orange und Scharlachrot. Eine meiner bevorzugten Farbkompositionen in den letzten Jahren war eine Grundbepflanzung mit weißen Petunien, durchzogen mit Bändern des grünblühenden Fuchsschwanzes *(Amaranthus caudatus* 'Viridis'), und mitten in jedem Beet eine einzige Pflanze des großblättrigen Rizinusbaums *(Ricinus communis).*

Die Beispiele von früher können uns vor Augen führen, wie wichtig die Gestalt der Beete ist und wie wertvoll niedrige Hecken, beschnittene immergrüne Pflanzen und andere dauerhafte Elemente sind, um dem Garten auch in mageren Perioden Ausdrucksstärke zu verleihen.

Sommerblumen

Streng angelegte Beete mit einer üppigen Sommerblumenbepflanzung gedeihen nur in offenen, sonnigen Lagen und auf fruchtbarem Boden. Im Schatten eines Gebäudes oder im Schatten- und Wurzelbereich nahestehender Bäume wachsen und blühen die Pflanzen unterschiedlich gut, und die eigentliche Wirkung geht damit verloren. Die ein- und zweijährigen Beetpflanzen können jedoch auch auf andere Weise verwendet werden. Pflanzen wie Pelargonien, Petunien, Lobelien, Salvien und Ringelblumen, die automatisch als die typischen Sommerblumen für streng angelegte Sommerbeete in Parkanlagen, Töpfen und Blumenkästen ange-

sehen werden, sind wertvolle Pflanzen auch in einer gemischten Rabatte, insbesondere in einem kleinen Garten. Gertrude Jekyll verwendete in ihrem eigenen Garten große Mengen Sommerblumen – Leberbalsam *(Ageratum)*, Heliotrop und Chinaastern in sanften Farben, aber auch kräftigfarbene Ringelblumen und scharlachroten Salbei –, die sie zwischen die Stauden und Sträucher ihrer üppigen Blumenrabatten setzte.

Die für einjährige Sommerblumen oder nicht winterharte Stauden vorgesehenen Lücken in der gemischten Rabatte können im Herbst mit Gruppen aus zweijährigen Pflanzen und Zwiebelgewächsen gefüllt werden, die dann im folgenden Frühjahr blühen. Jede Gruppe sollte zu den benachbarten Stauden passen: roter Goldlack, Primeln oder gefüllte Maßliebchen zwischen den karmesinroten Trieben von Pfingstrosen und purpurblättrigem Phlox, bräunlich orangefarbener Goldlack vor dem rotgoldenen Laub des Spierstrauchs (*Spiraea japonica* 'Goldflame') oder blaue Vergißmeinnicht mit den frischen gelben Blättern von Taglilien, Baldrian (*Valeriana phu* 'Aurea') oder Wolfsmilch (*Euphorbia polychroma*). Wenn diese Frühlingsblumen verblüht sind, können sie durch Sommerblumen ersetzt werden, die mit den späterblühenden Stauden und dem Sommerlaub harmonieren.

Auch die breite Palette der Laubpflanzen, die im 19. Jahrhundert für eine »subtropische« Beetbepflanzung verwendet wurde, sollte man bei der Gestaltung eines passenden Rahmens für Blumen nicht vergessen. Blaublättriger Eukalyptus, *Grevillea robusta* und *Jacaranda ovalifolia* mit ihren gefiederten Blättern und *Canna indica* und *Rhus communis* mit ihren riesigen Blättern sind nur einige aus den Dutzenden geeigneter erhältlicher Pflanzen.

Außer auf dem allerkleinsten Grundstück benötigt man für eine streng angelegte Beetbepflanzung eine große Pflanzenmenge. Sogar ein kleiner Garten kann bis zu hundert Pflanzen aufnehmen.

Einjährige Beetpflanzen werden meist nur in Sommerbeeten in strengen Mustern angepflanzt, aber hier fügen sich die langblühenden Sommerblumen Heliotrop, Cosmee und Spinnenblume problemlos in die zwangloser gestaltete Staudenrabatte ein und verbinden sich wunderbar mit Katzenminze, Japanischen Anemonen, Feinstrahlaster, Glockenblume, Campanula lactiflora *'Loddon Anne',* Astilbe chinensis davidii *und mit den gekrümmten Blütenähren des Felberichs* (Lysimachia clethroides), *vorne mit dem fleißigen Lieschen.*

GÄRTNERN MIT PFLANZGEFÄSSEN

Töpfe, Kübel, Balkonkästen und Urnen schaffen zusätzlichen Pflanzraum und können selbst ein schmückendes Element im Garten sein. Sie haben den Vorzug, daß die Pflanzen hin- und herbewegt und auch solche gezogen werden können, die normalerweise nicht im Garten gedeihen oder in bestimmten Gegenden nicht winterhart sind. Für diejenigen, die nur einen Dachgarten oder einen Balkon besitzen, läßt sich mit Hilfe von Pflanzgefäßen ein Blumengarten gestalten, der im Rahmen der begrenzten Möglichkeiten abwechslungsreich und praktisch sein kann. In einem kleinen, gepflasterten Garten, in dem wenig Boden für Pflanzen vorhanden ist, sollte man möglichst jedes kleine Fleckchen Erde dauerhaften Pflanzen vorbehalten, um mit ihrer Hilfe die harten Umrisse des Pflasters abzumildern, und in den Pflanzgefäßen die empfindlicheren Pflanzen und Sommerblumen ziehen.

Ich versuche immer, eine Reihe von Pflanzen zur Verfügung zu haben, um meinen Hauseingang mit drei oder vier Pflanzen schmücken zu können. Im Winter ergänzt groß- und kleinblütiger Efeu die Winterblumen, die in schmalen Beeten neben dem Eingang wachsen. Kleine Töpfe mit frühblühenden Zwiebelgewächsen eröffnen den Frühling und werden dann von Tulpen (insbesondere der herrlich duftenden 'General de Wet', die wundebar mit der Backsteinmauer harmoniert) abgelöst. Sobald der Sommer naht, werden die frostempfindlichen Pflanzen aus dem Glashaus ins Freie gebracht: z. B. Südafrikanische Astern (*Dimorphoteca* syn. *Osteospermum*) und Pelargonien mit farbigem Laub und Fuchsien; aber es gibt einen wechselnden Vorrat an Pflanzen, die auch einigermaßen gut im Garten selbst gedeihen – wie Lilien, Wolfsmilch (*Euphorbia characias wulfenii*) und die weiße Arumlilie (*Zantedeschia aethiopica*). Eine meiner Lieblingspflanzen ist *Francoa ramosa*. Aus Rosetten, deren Blätter etwas gezahnt sind, erheben sich im Sommer (im ungeschützten Garten etwas später) stabförmige Blütenstände mit rosa geäderten weißen Blüten, die über einen Monat blühen.

Manchmal werden Töpfe als Bestandteil des Gartenentwurfs verwendet, da Sie der Struktur des Gartens den Anschein architektonischer Strenge verleihen, und dann sollten die Töpfe nicht von blühenden Pflanzen verdeckt werden, und die Pflanzen wiederum müssen ein gleichbleibend schönes Bild bieten, das zu dem Gesamtcharakter des Gartens paßt. In großen Töpfen und Blumenkästen kann man Kletterpflanzen und ziemlich große Sträucher oder sogar kleine Bäume ziehen. Da selbst wetterbeständige Töpfe im Winter stark beschädigt werden können, wenn nasser Boden in ihnen friert, sollte man die besseren Töpfe im Winter lieber ins Haus nehmen.

Das Ziehen von Pflanzen in Töpfen hat auch den Vorteil, daß man den Boden beliebig wechseln kann: Rhododendren und Kamelien können in einem Garten mit kalkigem Boden und kalkliebende Clematis wiederum in Gärten mit saurem Sand oder Lehm gezogen werden. Diese künstlich geschaffene Situation ist im allgemeinen erfolgreicher als der Versuch, für die verschiedenen Pflanzen den ihren Bedürfnissen entsprechenden Boden im Garten selbst zuzubereiten. Die Pflanze im Topf muß nur gewässert und gedüngt werden, um zu gedeihen, während die Rhododendren in einem mit Torf gefüllten Loch in einem kalkhaltigen Boden erst dann mit Aufmerksamkeit bedacht werden, wenn sie Zeichen des Unwohlseins geben, was normalerweise für ihr Überleben schon zu spät ist.

Eine gute Entwässerung oder Wassermangel sind ein anderer wichtiger Aspekt des Gartens, und Drainageprobleme können durch das Ziehen von Pflanzen in Töpfen gelöst werden. Pelargonien und andere nicht winterharte Stauden blühen üppiger in den trockeneren Verhältnissen der Töpfe, und viele nicht ganz winterharte Pflanzen überstehen den Winter wegen der guten Drainage besser in Töpfen. Andererseits können feuchtigkeitsliebende Pflanzen in einem trockenen Garten gedeihen, wenn sie in Töpfen gezogen werden, die auf mit Wasser gefüllten Untersätzen stehen.

Zu den größten Freuden gehört es, frostempfindliche oder halbwinterharte Pflanzen in Töpfen zu ziehen. Oleander, Eukalyptus und *Albizia julibrissin* ziehe ich in großen Töpfen. Die Albizie könnte auch draußen gedeihen, aber sie bringt viel früher ihre fein eingeschnittenen Blätter hervor, wenn sie im Gewächshaus überwintert. Sie hat hübsche rosa Blüten, die an Puderquasten erinnern. Zwiebelgewächse, die im Sommer blühen, sind gleichfalls eine große Freude. Auch die Tiger- und Pfauenblumen (*Tigridia*) und andere exotisch wirkende Blumen blühen früher und üppiger, wenn sie in Töpfen gezogen werden, und der Trocknungsprozeß für die Winterruhe ist wesentlich einfacher, da die Töpfe nur auf die Seite gelegt und die abgestorbenen Blätter von den Pflanzen entfernt werden müssen, sobald sie ganz trocken sind. Die Zwiebeln bewahrt man in dem trockenen Boden auf, wo sie weniger leicht schrumpfen und verfaulen, als wenn man sie aus dem Garten ausgräbt und im Keller in Tüten aufbewahrt.

Zonalpelargonien, die strauchigen Calceolarien, Fuchsien, *Argyranthemum frutescens* und viele andere frostempfindliche Stauden sehen, einzeln oder in Gruppen, in Töpfen herrlich aus und blühen noch oft in den Winter hinein, wenn die Töpfe im Herbst frühzeitig vor den ersten Frösten in einen sonnigen Raum oder noch besser in einen Wintergarten gestellt werden. Das gleiche gilt natürlich auch für die mit Fasernwurzeln ausgestatteten Begonien und Fleißigen Lieschen und viele andere sogenannte halbwinterharte einjährige Beetpflanzen, die im Grunde frostempfindliche Stauden sind.

Eine Pflanze, die sich in den letzten Jahren immer größerer Beliebtheit erfreut, ist die Cosmee (*Cosmos atrosanguineus* oder *Bidens atrosanguineus*). Die reichen, karmesinroten Blüten und das dunkle Laub haben ihren ganz eigenen Charme, und die Blüten haben überraschenderweise den Geruch von Schokolade. Diese Pflanze kann im Sommer im Garten gezogen werden, gedeiht aber im allgemeinen noch viel besser im Topf oder im Kübel, falls sie gut gewässert und gedüngt wird. Im Herbst kann sie an einen frostfreien Platz gestellt werden und dort ohne Probleme vollständig austrocknen, bis sie im Frühjahr wieder von selbst auszutreiben beginnt. Da sie sich problemlos sichern und pflegen läßt, gut duftet und dazu noch von betörendem Charme ist, ist sie eine geradezu ideale Topfpflanze.

Efeublättrige Pelargonien sind ideale Topfpflanzen, die durch den beschränkten Wurzelraum und die höhere Bodentemperatur ohne Unterlaß bezaubernde Blüten hervorbringen. Hier nehmen die Hängeverbenen und graulaubigen Strohblumen (Helichrysum angustifolium) *die sanften Farben der Pelargonien wieder auf. Alle Pflanzen können zum Schutz vor dem Frost in einen sonnigen Raum oder ein Gewächshaus gestellt werden, damit sie noch bis in den Winter ihr Blütenschauspiel fortsetzen können.*

Blühende Pflanzen

Die Auswahl der Pflanzen berücksichtigt verschiedene Bodentypen und Standorte und soll dem Gärtner ermöglichen, das ganze Jahr über Blüten in vielen Farben und Pflanzen verschiedener Höhe zu haben. Die Listen umfassen so viele Pflanzen, daß man eine Vielfalt von Blumengärten damit ausstatten könnte; die Auswahl ist aber so getroffen, daß sie für Anfänger wie auch für erfahrene Gärtner, die hier vielleicht einige schöne, aber vernachlässigte Pflanzen entdecken, ein nützlicher Ratgeber sein kann.

In den vorangegangenen Kapiteln habe ich schon ausführlich auf die Bedeutung von Laub als Rahmen für den Blumengarten hingewiesen, und die Laubqualität hat infolgedessen bei der Auswahl der Pflanzen eine wichtige Rolle gespielt.

Die Pflanzen habe ich nach ihrer Wachstumsart in Gruppen eingeteilt, d. h. in winterharte einjährige Pflanzen, Stauden usw., aber diese Einteilung ist nicht so einfach, wie sie zunächst aussieht – viele gute Pflanzen passen nicht genau in eine dieser künstlichen Gruppierungen hinein.

Die Unterscheidung zwischen winterharten und halbwinterharten einjährigen Pflanzen hängt von dem örtlichen Klima ab, wobei die Pflanzen, die traditionell als halbwinterharte einjährige Pflanzen gezogen werden, in wärmeren, geschützten Zonen nach den letzten Frösten ausgesät werden können. Viele Pflanzen, die normalerweise als frostempfindliche Stauden gezogen und als Wurzelstecklinge jedes Jahr überwintert werden, können jetzt aus Samen als halbwinterharte einjährige Pflanzen gezogen werden.

Andere Pflanzen haben fleischige Wurzelstöcke (Rhizome). Sie sind keine Zwiebelgewächse im botanischen Sinn, aber sie können nach der Blütezeit aus der Erde genommen, trocken aufbewahrt und als »Zwiebeln« gekauft werden. Agapanthus und Steppenkerzen (*Eremurus*) sind dafür gute Beispiele. Einige Pflanzen sind besonders nützlich, weil sie die Eigenschaften von zwei oder drei Pflanzengruppen in sich vereinen. Viele kleine Sträucher z. B. blühen sehr üppig und ausgesprochen lange, weil sie aus Gegenden stammen, wo sie Frost oder Trockenheit nur selten ausgesetzt sind. In kühlen Klimaten muß man sie zwischen Sträuchern und krautigen mehrjährigen Pflanzen einordnen. Die winterhärtesten unter ihnen wachsen in geschützten Gärten vielleicht zu großen Sträuchern heran, während andere zum Schutz vor Winterkälte tief gepflanzt und jeden Herbst wie Stauden bis zum Boden heruntergeschnitten werden können. Empfindlichere Varietäten müssen aber doch als Wurzelstecklinge unter Glas überwintert werden, während Pflanzenzüchter jetzt Varietäten herausbringen, die sich schnell aus Samen entwickeln und die als halbwinterharte einjährige Pflanzen gezogen werden können.

Pflanzen, die sich schwer einordnen lassen, habe ich der Familie zugeordnet, die ihr am nächsten steht, und außerdem mit einem Zeichen versehen, wenn sie noch auf andere Weise verwendet werden können.

Um ständige Wiederholungen zu vermeiden, was die klimatischen Bedingungen und Bodenverhältnisse anbetrifft, kann man davon ausgehen, daß die beschriebenen Pflanzen auf den verschiedensten Gartenböden und in der Sonne oder im Halbschatten gedeihen. Alle Pflanzen, die besondere Bedingungen beanspruchen, sind entsprechend gekennzeichnet.

Die Blütenähren des Rittersporns und die rundlichen Blütenköpfe der Glockenblume (Campanula lactiflora) *sind fast verblüht, aber nachkommende Knospen lassen auf weitere Farben hoffen. Sonnenaugen und dunkelorangefarbene Alstroemerien leuchten jetzt in warmen Farben, während gefiederte Goldruten,* Macleaya microcarpa *und Clematisranken die Blütezeit bis in den Herbst verlängern – und das Zusammenspiel von Farben und Formen fortsetzen.*

WINTERHARTE EINJÄHRIGE PFLANZEN

Im allgemeinen werden winterharte einjährige Pflanzen im Frühling an Ort und Stelle ausgesät, und die Sämlinge werden anschließend ausgedünnt, damit sich kräftige Pflanzen entwickeln können. Doch können sie auch in kleinen Töpfen oder noch besser in einzelnen Vermehrungsschalen gezogen werden, damit beim Umpflanzen das Wurzelsystem nicht verletzt wird. Einige einjährige Pflanzen sind so winterhart, daß man sie im Herbst aussäen kann. Sie können als kleine Pflanzen überwintern und entwickeln sich dann im nächsten Jahr schon früher zu größeren und üppiger blühenden Pflanzen.
Anm.: Die einjährigen Pflanzen, die mit * versehen sind, sind ausreichend winterhart, um im Herbst draußen ausgesät zu werden.

AGROSTEMMA githagos*

Kornrade
H: 75 cm B: 20 cm
Diese hohe einjährige Pflanze – ein Unkraut auf den Kornfeldern – trägt große, ungefüllte, blaßlila Blüten an schlanken, aber kräftigen Stengeln. Wenn die abgestorbenen Köpfe immer abgeschnitten werden, blüht sie sehr lange, sonst ist ihre Blütezeit im Spätsommer vorüber.

Sie ist eine ausgezeichnete Pflanze für die einjährige Rabatte, entweder in Gruppen zusammen mit anderen blühenden einjährigen Pflanzen oder auf einer Wildblumenwiese. Sät man sie zwischen Stauden und Sträuchern aus, dann harmoniert sie besonders gut mit graulaubigen Pflanzen und blaßfarbenen Blumen.

CALENDULA officinalis*

Ringelblume
H: 30–60 cm B: 30–45 cm
Sie gehört zu den einfachsten Pflanzen, die draußen im Frühjahr oder Herbst ausgesät und gezogen werden können. Ihre Samen sind außerdem so groß, daß man sie einzeln in kleine Töpfe säen kann. Verblühte Blütenköpfe sollten immer abgeschnitten werden, um eine lange Blütezeit zu gewährleisten.

Der Name *Calendula* beziehen sich auf die Tatsache, daß sie zu jeder Zeit im Jahr blühen kann, *officinalis* bedeutet, daß sie auch zu Heilzwecken verwendet wird. Im Mittelalter wurde sie in Suppen und Eintöpfen verwendet. Zu den modernen Varietäten gehören gefüllte hohe und niedrige Sorten in einer breiten Farbpalette: schwefelgelbe und aprikosenfarbene Sorten für pastellfarbene Gruppierungen zwischen graulaubigen Pflanzen oder bronzegetönte Varietäten wie 'Fiesta Gitana' und vor allem die leuchtend orangebraunen 'Indian Price', die wunderbar mit bronzefarbenem Laub oder anderen leuchtendfarbigen Blumen harmoniert.

Calendula officinalis
(Ringelblume)

CENTAUREA cyanus*

Kornblume, Flockenblume
H: 30–75 cm B: 15 cm
Die Kornblume wird immer wieder gerne wegen ihres feintexturierten Laubs und ihrer reinblauen Blüten an steifen, aufrechten Stielen im Garten gezogen.

Sie eignet sich vorzüglich für die einjährige Rabatte zusammen mit anderen Sommerblumen, in Wildblumenwiesen und in einer gemischten Rabatte. Der Liebreiz wird noch verstärkt, wenn sie in Gruppen zwischen silberlaubigen Pflanzen oder dunkelroten Blumen Platz finden. Niedrigwachsende Varietäten sind in einer breiten Farbpalette, einschließlich Weiß, Rosa, Rot und Purpur, erhältlich. Großflächig ausgesät und mit silberfarbenen Pflanzen eingefaßt, bieten sie in jedem Blumengarten ein bezauberndes Bild.

Convulvus tricolor
(Dreifarbige Winde)

C. moschata ist eine wenig bekannte einjährige Pflanze. Sie ähnelt der Kornblume, hat aber einen köstlichen Duft und schließt in ihre breite Farbpalette auch Gelb ein.

CHRYSANTHEMUM-SPECIES

CHRYSANTHEMEN

Es gibt drei wertvolle Arten der einjährigen Chrysanthemen, die den ganzen Sommer und Herbst blühen.

C. carinatum, die dreifarbige Chrysantheme (H: 60 cm; B: 30 cm), ist eine weitverzweigte Pflanze, deren Blüten weiß-, karmesin- und gelbgeringelt sind. Sie ist eine hübsche Ergänzung in der einjährigen oder gemischten Rabatte.

C. coronarium, die Kronenmargerite (H: 90 cm; B: 45 cm), wird höher und ist starkwüchsiger. Sie hat fein eingeschnittenes Laub, und ihre Blütenfarbe ist normalerweise leuchtendgelb. Sie ist groß genug, um in neu angelegten Gärten noch freien Platz zu füllen. Sie harmoniert besonders gut mit dem panaschierten Hartriegel.

C. segetum (H: 45 cm; B: 15 cm) ist schlanker und hat leuchtend gelbe Blüten.

CLARKIA elegans*

CLARKIE, SOMMERFUCHSIE

H: 75 cm B: 15 cm

Sät man die Clarkien im Herbst oder Frühjahr in einem normalen Gartenboden aus, dann entwickeln sich hohe, schlanke Pflanzen, die den ganzen Sommer über hübsche gekräuselte Blüten in sanften Farben von Weiß, Hell- und Dunkelrosa über Purpur bis hin zu Violett hervorbringen.

Clarkien bieten einen herrlichen Anblick in Rabatten aus gemischten einjährigen Pflanzen, zwischen grauem Laub und pastellfarbenen Stauden in gemischten Rabatten. Sie sind auch so schlank, daß man sie problemlos zwischen Irishorsten aussäen kann, um nach der kurzen Blütezeit der Iris einen Blütenflor zu haben.

Delphinium ajacis *(Rittersporn)*

CONVOLVULUS tricolor

DREIFARBIGE WINDE

H: 30 cm B: 15 cm

Im Frühjahr an Ort und Stelle ausgesät, bringt diese breitausladende, buschige Pflanze über lange Zeit immer neue trichterförmige Blüten mit leuchtendblauen Rändern und einem blaßgelben Auge hervor.

Sie eignet sich als Randbepflanzung für eine blaue Rabatte mit blaß- oder leuchtendgelben und orangefarbenen Blüten wie Kalifornischem Mohn (*Eschscholtzia californica*) und *Layia,* oder mit Färberkamille (*Anthemis tinctoria*), Schafgarbe (*Achillea* 'Moonshine') und Montbretien (*Crocosmia*) in einer Staudenrabatte.

DELPHINIUM ajacis

RITTERSPORN

H: 45–120 cm B: 20-35 cm

Der einjährige Rittersporn bringt hohe Blütenkerzen in Farbschattierungen von Purpur, Rosa und Weiß hervor, die mit hübschem Laub geschmückt sind. In nahrhaftem Boden bieten die hohen Stauden einen geradezu majestätischen Anblick, aber auch die niedrigen Varietäten sind von großem Wert, da sie reizvolle vertikale Akzente setzen, aber nicht gestützt werden müssen.

Der einjährige Rittersporn läßt sich auf vergleichbare Weise wie die *Clarkia elegans* verwenden, mit der er übrigens besonders gut harmoniert.

ESCHSCHOLZIA californica

Kalifornischer Mohn
H: 35 cm B: 35 cm
In einem gut durchlässigen Boden und in voller Sonne bildet der Kalifornische Mohn rasch ganze Hügel aus fein eingeschnittenem, graugrünem Laub, die mit immer neuen durchscheinenden Blüten übersät sind. Moderne Züchtungen haben ungefüllte oder halbgefüllte Blüten in einem leuchtenden Orange und Karmesinrot, die unregelmäßig mit helleren und dunkleren Streifen gezeichnet sind. Sie leuchten kräftig und wirken dennoch niemals grell.

Sie eignen sich geradezu ideal als Beeteinfassung und sehen besonders hübsch aus zwischen Fackellilien, Montbretien und Taglilien.

Die viel kleinere Art *E. caespitosa*, die als »Miniaturprimel« verkauft wird, erhebt ihre schwefelgelben Blüten über grauem Laub und ist zwischen Katzenminze, Lavendel und anderen graublauen Pflanzen sehr wirkungsvoll.

Unten: Eschscholzia californica *(Mohn)*
Rechts: Limnanthes douglasii *(Sumpfblume)*

IBERIS umbellata

Schleifenblume
H: 25 cm B: 20 cm
Mit ihren duftenden Blütendolden in Farbschattierungen von Rosa, Dunkelkarmesin über Lavendel bis hin zu Weiß, die sich über niedrigwachsenden, kompakten dunkelgrünen Laubhügeln erheben, ist die Schleifenblume eine wertvolle, leicht zu ziehende Pflanze für den Vordergrund einjähriger oder für die Einfassung gemischter Rabatten.

LIMNANTEHS douglasii*

Sumpfblume
H: 15 cm B: 15 cm
Die Sumpfblume ist eine anpassungsfähige Pflanze, die am besten an einem trockenen, sonnigen Standort gedeiht. Sie bildet einen dichten Teppich aus feingezähnten, dunkelgrünen Blättern und Blüten mit jeweils fünf Blütenblättern mit weiß umrandeter Mitte in einem dunklen Zitronengelb. Sie duftet und lockt die Bienen an. Mit ihrem niedrigen ausladenden Wuchs eignet sie sich vorzüglich als Einfassung gemischter Rabatten, und sie sieht auch in Töpfen entzückend aus.

LOBULARIA maritima

Duft-Steinrich
H: 5–15 cm B: 5–20 cm
Diese leicht zu ziehende Pflanze wird oft mit blauen Lobelien als Randbepflanzung und mit scharlachroten Salvien oder Zonalpelargonien kombiniert, aber die Wirkung ist fast immer unausgewogen, da der Duft-Steinrich in heißen, trockenen und die Lobelien nur in kühlen, nassen Sommern zu blühen belieben.

An Ort und Stelle ausgesät und zu kleinen Tuffs von Sämlingen ausgedünnt, bildet die aufrechte 'Little Dorrit' eine hübsche weiße Beeteinfassung. 'Carpet of Snow' bildet ausladende kompakte Hügel; 'Oriental Night' hat eine ähnliche Wuchsform, blüht aber in einem dunklen Karmesin-Purpur und bildet einen kräftigen Kontrast zu seinem weißen Gegenstück. Sie harmoniert wunderbar mit dem Bartfaden *Penstemon* 'Garnet' oder purpurfarbenem Salbei.

MALCOLMIA maritima*

Virginia-Levkoje
H: 15 cm B: 5 cm
Diese schlanke Pflanze trägt Blüten mit vier zartgeäderten Blütenblättern in Rosa, Weiß, Lavendel und Rot an zerbrechlichen, verzweigten Stengeln. Wenn sie an Ort und Stelle dünn ausgesät wird, bildet sie einen einheitlich zarten Blütenteppich.

MENTZELIA lindleyi

Mentzelie
H: 45 cm B: 45 cm
Die Mentzelie (syn. *Bartonia aurea*) gedeiht nur an einem offenen, sonnigen Standort und blüht über einen ungewöhnlich langen Zeitraum. Die spitzen Enden ihrer fünf Blütenblätter und die mit gelben Staubfäden gefüllte grubenartige Röhre in der Blütenmitte lassen die leuchtend gelben Blüten zart wirken. Der blaugrüne Farbton der feingezähnten Blätter verbindet sich nicht nur gut mit Gold- und Orangetönen, sondern bildet auch eine harmonische Einheit mit Lavendel, Rosmarin und anderen Pflanzen in sanften Farben.

NIGELLA damascena*

JUNGFER IM GRÜNEN
H: 45 cm B: 15 cm
Die deutsche Bezeichnung beschreibt sehr gut die Wirkung der blassen, gekräuselten blaugrünen Blüten, die sich in einem fein eingeschnittenen, blaßgrünen Laub verbirgt. Sie fasziniert durch dornige, aufgeblähte Samenköpfe, die nach der Blüte erscheinen. Die Jungfer im Grünen, die sich leicht ziehen läßt und bedingt winterhart ist, paßt ausgezeichnet zu graulaubigen Pflanzen und blaßgelben oder weißen Blüten.

'Miss Jekyll' mit ihren reinblauen Blüten an hohen Stengeln ist die bekannteste Züchtung. Es gibt aber auch noch andere Varietäten in Rosa, Weiß, Dunkel- und Hellblau, die nicht so groß werden und sich für mehrfarbige Rabatten eignen. Alle Varietäten passen gut zu den etwas kompakteren Hügeln purpur- und rosafarbener oder weißer Petunien oder Veilchen im Vordergrund.

PAPAVER rhoeas*

KLATSCHMOHN
H: 75 cm B: 20 cm
Das leuchtende Scharlachrot, die gekräuselten seidenen Blütenblätter und die ausgesprochene Zartheit seiner schlanken Stengel machen den besonderen Charme des Klatschmohns aus. Da er sich leicht ziehen läßt, ist er eine besonders wertvolle Pflanze für kurze Effekte in Wildblumenwiesen.

P. commutatum 'Lady Bird' hat Blüten in einem dunklen Scharlach-Karmesin, die an der Basis jedes Blütenblatts einen schwarzen Fleck tragen. Er verbindet sich ausgezeichnet mit *Lobelia cardinalis* und den dunkleren und viel schwereren Dahlien. Die hübschen grauen Blätter und fahlen purpur-rosafarbenen Blüten des gefüllten Schlafmohns *(P. somniferum)* sind ein wunderbarer Begleiter zu alten Rosen, Storchschnabel und anderen dunkelfarbenen Blumen.

Nigella damascena *(Jungfer im Grünen)*

Papaver rhoeas *'Shirley Hybrids' (Klatschmohn)*

RESEDA odorata*

WOHLRIECHENDE RESEDE
H: 30 cm B: 15 cm
Die Reseden lassen sich leicht ziehen, wenn man sie in ein festes, feuchtes Saatbeet preßt, ohne sie dabei zu begraben. An der Vorderfront einer Rabatte setzen die grünen Blütenähren einen ruhigen Akzent und verströmen im Blumengarten einen intensiven honigartigen Duft.

Die Pflanzen strömen einen unangenehmen Duft aus, wenn sie berührt oder gepflückt werden. Mit einer Bepflanzung direkt am Beetrand mit Steinkraut (*Alyssum*, das auch süß duftet), Sumpfblume (*Limnanthes*) oder Steinbrech (*Saxifraga urbium*) läßt sich eine Trennung zwischen Beetrand und Weg herstellen.

SALVIA horminum (syn. SALVIA viridis)

BUNTSCHOPF-SALBEI
H: 45 cm B: 15 cm
Der Buntschopf-Salbei ist so weit von seinem nahen Verwandten, dem bekannten scharlachroten Beet-Salbei, entfernt, wie nur eben möglich: eine schlanke aufrechte Pflanze mit kleinen graugrünen Blättern und weißlichen Blüten, die von großen Brakteen in sanftem Rosa, Purpurblau oder Weiß eingerahmt werden. Diese Brakteen in sanften Farben geben der Pflanze, die über sehr lange Zeit blüht, ihre Farbe.

Mit ihren blassen Farben und ihrem kräftigen Aroma passen sie gut zu anderen Kräutern, vor allem zu purpurfarbenem Salbei, aber auch zu alten Rosen.

SCABIOSA atropurpurea*

WITWENBLUME, SKABIOSE
H: 100 cm B: 45 cm
Wenn man die großen Samen im Herbst einzeln in kleinen Töpfen einsät, sie unter Glas überwintern läßt und im Frühjahr auspflanzt, erhält man die schönsten Pflanzen, die vom Frühsommer bis in den Herbst üppig blühen. Aus Samen, die man erst im Frühjahr einsät, entwickeln sich kleinere, später blühende Pflanzen.

Die eleganten, nadelkissenähnlichen Blüten in Weiß, Rosa, Lavendel, Karmesin und Dunkelbraun verströmen einen süßen Duft und ziehen Schmetterlinge an. Sie lassen sich gut mit anderen einjährigen Pflanzen in sanften Farben vermischen, passen aber geradezu ideal zu Strauchrosen.

HALBWINTERHARTE EINJÄHRIGE PFLANZEN

Halbwinterharte Pflanzen überstehen den Frost nicht. Man zieht sie unter Glas an, unter Umständen schon mitten im Winter, und pflanzt sie aus, wenn alle Frostgefahr vorüber ist. Sie machen also mehr Mühe als winterharte einjährige Pflanzen, blühen aber auch über eine wesentlich längere Zeit. In milden Gegenden können die am schnellsten wachsenden halbwinterharten Einjährigen auch draußen ausgesät werden, aber viel später als die echt winterharten Einjährigen. Sie blühen dann im Spätsommer und Herbst.

Anm.: die mit * versehenen Pflanzen sind so widerstandsfähig genug, daß sie im Frühsommer draußen ausgesät werden können, um dann im Spätsommer und Herbst zu blühen.

Anthirrhinum majus *(Löwenmäulchen)*

AGERATUM houstonianum

Leberbalsam
H: 15–45 cm B: 15-30 cm
Der Leberbalsam, der gut in sonniger Lage gedeiht, kann auch etwas Schatten vertragen. Er besitzt kompakte, pyramidenartige Blütenköpfe aus duftigen blaugrauen Blüten und große graugrüne Blätter. Die kompakten Beetvarietäten, die oft einen dunkleren Blauton haben, bilden dichte Beeteinfassungen und lassen sich hübsch mit weißen oder blaßgelben Petunien oder Löwenmäulchen, gelbblütiger Raute oder blaßrosa Bartfaden kombinieren. Die schwertförmigen Blätter der *Iris pallida* 'Aurea Variegata' setzen auch an den Ecken einer Rabatte reizvolle Akzente. Die Varietäten mit einer etwas lockereren Wuchsform vermischen sich auf elegante Weise mit sanftfarbigen Pflanzen in der Mitte einer Rabatte.

AMARANTHUS caudatus*

Fuchsschwanz
H: 75 cm B: 50 cm
Diese Pflanze benötigt einen feuchten Boden, da ihre großen Blätter sonst schnell vertrocknen. Ihre langen, hängenden dunkelroten Blütenstände und ihre großen bronzegetönten Blätter wirken prachtvoll, wegen ihrer auffallenden Form muß sie jedoch sehr sorgfältig plaziert werden. Ihre samtene Pracht kommt erst zwischen alten Rosen zu voller Geltung, vielleicht mit purpurblättrigem Fenchel als Aufhellung im Hintergrund, eingefaßt mit dem hübschen Laub der Bergenien oder vermischt mit karmesinroten Dahlien und purpurblättrigem Perückenstrauch.

Die blaßgrüne Form ist nicht weniger auffallend, wenn sie mit den kräftiggelben Blüten der *Calceolaria* oder des Mädchenauges (*Coreopsis verticillata*) kombiniert wird oder in kühlen grün-weißen Farbschemen Platz findet.

ANTIRRHINUM majus

Löwenmäulchen
H: 15–120 cm B: 20–45 cm
Mit seiner breiten Farbpalette – Weiß, Gelb, Orange, Rosa, Rot, schwärzliches Karmesinrot, Fliederfarben oder zweifarbig – und mit unterschiedlichen Höhen von den aufragenden Blütenkerzen bis hin zu den gedrungenen Zwergformen eignet sich das Löwenmäulchen nicht nur für eine strenge Beetbepflanzung, sondern auch für zwanglos gestaltete Blumenrabatten.

Da es so viele verschiedenfarbige Typen gibt, ist es schwierig, unter den vielen möglichen Kombinationen einige wenige auszuwählen. Hier einige Beispiele: zitronenfarbene und weiße Löwenmäulchen, die sich über blaue Lobelien erheben, elfenbeinweiße mit Katzenminze, orangefarbene mit den blaßblauen Formen der Ochsenzunge (*Anchusa azurea*), *Salvia patens* oder Lobelien und dunkelkarmesinrote mit den purpurfarbenen Blättern der *Heuchera americana*, der zwergwüchsigen *Berberis thunbergii* oder der Fetthenne (*Sedum maximum*).

CALLISTEPHUS chinensis

Sommeraster
H: 15–75 cm B: 20–45 cm
Gefüllte Astern werden in Mengen gezogen, aber viel interessanter sind die Sommerastern, die einen lockeren Wuchs haben und höher werden – angefangen von den Sorten mit kompakten, nadelkissenartigen Blüten über die ungefüllten Sorten

nach außen gewölbten Petalen bis hin zu den riesigen Straußenfedernastern mit ihren spinnenartigen Blütenblättern. Die Sommerastern gibt es in vielen verschiedenen sanften Farbtönen: Weiß, Rosa, Lavendel, Purpur und Rot mit einem gelegentlichen cremigen Gelb. Sie alle lassen sich wunderbar mit den Staudenastern, den flachen rosa Blütendolden des *Sedum spectabile* und der zweiten Blüte der Katzenminze kombinieren.

CLEOME spinosa

SPINNENBLUME

H: 1,20 m B: 75 cm

Die kräftige, aufrecht wachsende Spinnenblume mit ihren großen Blättern ist eine der wenigen einjährigen Pflanzen, die wie ein ausdauernder Strauch aussehen. Um gut zu gedeihen, benötigt sie einen guten, etwas feuchten Boden. Sie ist eine besonders wertvolle Pflanze, da sie einem neuen Garten gleich einen üppigen Eindruck zu geben vermag. Die weißen bis dunkelrosafarbenen Blüten, die immer wieder neu aus dem kuppelförmigen Blütenstand hervortreiben, verleihen der an sich robusten Pflanze ein anmutiges Aussehen.

COSMOS bipinnatus

SCHMUCKKÖRBCHEN, COSMEE

H: 1,20 m B: 90 cm

Mit ihren großen Hügeln aus gefiedertem dunkelgrünen Laub, über das sich riesige ungefüllte »Astern«-Blüten in dunklem Karmesin, Dunkel- oder Hellrosa oder Weiß auf steifen Stengeln erheben, verbreitet die Cosmee den Charme eines Bauerngartens. Die Hauptstengel müssen sorgfältig abgestützt werden, und die seitlichen Triebe knicken an windigen Standorten leicht ab; aber zwischen Rosen und anderen Sträuchern kann sich die ganze Pflanze selbst stützen.

Cosmeen passen gut zu hohem Rittersporn, den niedrigeren Blütenähren des Bartfadens oder zu den stärkerwüchsigen Bechermalven.

Cosmos bipinnatus *(Schmuckkörbchen)*

DELPHINIUM grandiflorum

Rittersporn
H: 40 cm B: 20 cm
Dieser schlanke Rittersporn, der oft auch die botanische Bezeichnung *D. chinense* trägt, hat tief eingeschnittene, dunkle Blätter und lockere Blütentrauben in leuchtendem Blau. In milden Klimaten kann er als kurzlebige Staude überwintern, aber es ist wesentlich besser, wenn er jedes Jahr neu aus Samen gezogen wird. Er muß möglichst vor Schnecken geschützt werden.

DIANTHUS caryophyllus, D. chinensis

Gartennelke, Chineser-Nelke
H: 20–45 cm B: 20 cm
Die Gartennelken sind elegante Pflanzen, die im Spätsommer und Herbst immer wieder neue Blüten in einem breiten Spektrum zarter Farben über silbernen Laubmatten hervorbringen. Sie eignen sich als Randbepflanzung grauer Rabatten.

Die Chineser-Nelken haben meist ungefüllte Blüten, die sich ganz nah an die Laubhügel der Pflanzen schmiegen. Die Blüten der neueren Varietäten besitzen meist härtere und lebhaftere Farbtöne, die die Möglichkeiten für ihre Verwendung im Garten doch erschweren, aber die Varietäten in sanfteren Farben eignen sich vorzüglich als Einfassung von großen Gruppen von Virginia-Levkojen, Jungfer im Grünen oder Kornblumen.

LAVATERA trimestris*

Bechermalve
H: 75 cm B: 45 cm
Obgleich sich die Bechermalven auch gut als einjährige winterharte Pflanzen ziehen lassen, mögen sie es gerne, wenn man sie einzeln in kleine Töpfe unter Glas einsät und als gut entwickelte Jungpflanzen auspflanzt. Dann beginnen sie im Frühsommer zu blühen.

Diese Blume eignet sich vorzüglich für den weißen Garten, zum Aufhellen der Mitte einer gemischten Rabatte und für große Töpfe, insbesondere zusammen mit der Strohblume (*Helichrysum petiolare*), die mit ihren filzigen Blättern in die Malven hineinrankt oder über die Topfränder kriecht. Rosablütige Varietäten passen auch gut zu grauem Laub und lavendelpurpurfarbenen oder weißen Blüten.

LOBELIA erinus

Lobelie
H: 15 cm B: 10 cm
Wenn die Lobelien genügend Feuchtigkeit bekommen, blühen sie ohne Unterlaß vom Frühsommer bis zu den ersten Frösten. Die Farbpalette umfaßt außer den blassen und dunklen, kräftigen Blautönen, mit denen wir sie normalerweise assoziieren, auch Weiß und ein rötliches und dunkles Purpur mit kontrastierenden weißen Augen. Eine Randbepflanzung in gemischten Farben zusammen mit Petunien, Bartfaden oder anderen Blumen in einem ähnlichen Farbspektrum ergibt ein reizvolles Bild. Die reinen hellen und dunklen Blautöne wirken angenehm erfrischend, wenn man sie mit gelben oder weißen Löwenmäulchen oder Petunien zusammenpflanzt. Blaßblaue Hängelobelien lassen sich auch hübsch mit blaßorangefarbenen Begonien kombinieren und bilden einen schönen Kontrast zu den dunkelkarmesinroten Blüten der Cosmee (*Cosmos atrosanguineus*).

NICOTIANA alata

Ziertabak
H: 30–90 cm B: 30–60 cm
Die Stammform ist eine große, flaumig behaarte Pflanze mit weißen Blüten, die sich am frühen Abend und die ganze Nacht über öffnen und ihren wunderbaren Duft verströmen. In einem guten, feuchten Boden gedeiht der Ziertabak sogar im Schatten, wo er auch den größten Teil des Tages seine Blüten geöffnet hält. Durch Züchtung sind Sorten in Rosa, Rot, Mauve, Creme und Grün entstanden, und die modernen Varietäten haben Blüten.

Die niedrigen Varietäten, die eine einheitliche Höhe erreichen, blühen üppig und sind reizvoll zwischen kupferfarbenem Laub und rotpurpurfarbenen Blüten, aber wo genügend Raum vorhanden ist, sind die höheren Sorten vorzuziehen.

Lobelia erinus *(Lobelie)*

PETUNIA-HYBRIDEN

Petunie

H: 20–35 cm B: 35 cm

Unter allen einjährigen Pflanzen existieren von der Petunie die meisten Hybriden. Es gibt eine Menge verschiedener einfarbiger Petunien und darüber hinaus gestreifte, gekräuselte und gefüllte Formen. Viele ungefüllte Varietäten sind so leuchtend in der Farbe, daß sie alleine für die Bepflanzung lebhafter Sommerbeete ausreichen, aber es gibt auch eine Unmenge Petunien in viel feineren Farbtönen, in Weiß und Blaßgelb, in sanften Rosa- und satten Rottönen, und duftende Sorten in dunklem Purpur, die den ganzen Sommer und Herbst über ihre Blüten über graugrünem Laub erheben. Ältere, halb kriechende Varietäten sind besonders wertvoll für Töpfe und Blumenkästen.

SALVIA splendens

Feuersalbei

H: 20–35 cm B: 15–30 cm

Salbei muß man direkt nach dem Keimen einzeln in kleine Töpfe um- und dann im Sommer auspflanzen. Jedes Jahr kommen noch kompaktere Varietäten mit noch leuchtenderen scharlachroten Blüten und noch dunklerem Laub auf den Markt. Feuersalbei läßt sich am sichersten mit grünen Farbtönen kombinieren, z. B. mit den sanften Laubhügeln der *Kochia scoparia* oder dem grünen Fuchsschwanz (*Amaranthus caudatus* 'Viridis') und vielleicht mit einer Einfassung aus krauser Petersilie. Wenn man den Feuersalbei in großen Gruppen mit scharlachroter Brennender Liebe (*Lychnis calcedonica*), roten und gelben Fackellilien *(Kniphofia)* und karmesinscharlachroten Dahlien in einem Rahmen aus bronzefarbenem Blumenrohr (*Canna*) und anderem purpurfarbenem Laub kombiniert, verwandelt sich das grelle Scharlachrot in ein volles Feuerrot.

Die neueren Varietäten in dunklem Purpur und blassem Rosa sollten nicht mit dem Scharlachrot vermischt werden.

TAGETES erecta, T. patula*

Studentenblume

H: 20-75 cm B: 15-45 cm

Diese Pflanzen werden zum größten Teil für Sommerbeete verwendet. Es gibt sie in vielen verschiedenen Farben, Höhen und Blütenformen: ungefüllt oder ganz gefüllt; gekräuselt, gewellt oder faltig; in Zitronen- oder Dunkelgelb, Orange oder leuchtendem Braunrot und in gelben Kombinationen, wobei die Blüten vom Frühsommer bis zum Spätherbst das gefiederte dunkelgrüne Laub fast ganz bedecken. Die kleineren und einfacheren ungefüllten oder mit Büscheln versehenen Formen sind wertvolle Begleitpflanzen in einer Blumenrabatte zwischen höherer Sonnenbraut (*Helenium*), orangefarbenen Fackellilien (*Kniphofia*) und blaßblauen Blumen. Die noch schlankere *Tagetes signata* in der blaßgelben Form sieht entzückend zwischen dunkelblauen Blumen aus – z. B. Lobelien, *Salvia patens* und Rittersporn (*Delphinium grandiflorum*).

TITHONIA rotundifolia

Mexikanische Sonnenblume

H: 100 cm B: 75 cm

Diese wenig beachtete einjährige Pflanze läßt sich problemlos ziehen und entwickelt sich zu einer großen Blattpflanze mit vielen leuchtenden orange-scharlachroten Blüten, die an ungefüllte Dahlien erinnert und im Spätsommer und Herbst erscheint. Sie ist wertvoll für den Hintergrund einer Rabatte, wo sie die Farben von Montbretien, Fackellilien, *Phygelius* und spätblühenden Taglilien aufnimmt.

ZINNIA elegans*

Zinnie

H: 15–75 cm B: 20–60 cm

Im Gegensatz zu ihrer botanischen Bezeichnung ist die moderne Zinnie alles andere als elegant. Die Züchter haben dichtgefüllte Blüten in möglichst leuchtenden Farben an kräftigen Stielen kultiviert. Es gibt Varietäten in herrlichen Zwischenfarben, die in einem heißen Sommer üppig und lange blühen. Zinnien lassen sich schnell aus Samen gewinnen.

Tagetes signata *(Studentenblume)*

FROSTEMPFINDLICHE MEHRJÄHRIGE PFLANZEN

Frostempfindliche mehrjährige Pflanzen, können als Wurzelstecklinge in einem frostfreien Gewächshaus überwintert und im Frühsommer ausgepflanzt werden.

Sie lassen sich kaum von den halbwinterharten einjährigen Pflanzen unterscheiden, und die Zahl der frostempfindlichen mehrjährigen Pflanzen, die als halbwinterharte einjährige Pflanzen gezogen werden können, hat zugenommen. Trotzdem gibt es noch viele alte Varietäten, die durch Stecklinge vermehrt werden müssen.

ARGYRANTHEMUM frutescens (syn. CHRYSANTHEMUM frutescens)

CHRYSANTHEME
H: 75 cm B: 60 cm
Diese halb strauchartige Chrysantheme wird in Form junger Pflanzen aus Stecklingen des Spätsommers überwintert. Über den stark gelappten, grauen Blättern erheben sich breitstrahlige »Astern«-Blüten mit nadelkissenartiger Mitte. Die bogig wachsenden Stengel der Sorte 'Jamaica Primrose' (zartgelb) oder der 'Mary Wootton' (weiß mit einem rosa Auge) sehen reizend zwischen graulaubigen Pflanzen und anderen pastellfarbenen Blumen aus.

A. f. foeniculaceum ist ein frostempfindlicher Strauch, der sich leicht durch Stecklinge vermehren läßt und im Sommer einen Meter in die Höhe und die Breite wächst.

BEGONIA-HYBRIDEN

BEGONIEN
H: 15–30 cm B: 15–30 cm
Begonia semperflorens, das Fleißige Lieschen, ist eine beliebte Beet- und Topfpflanze mit zahlreichen kleinen weißen, rosa oder roten Blüten über einem glänzend grünen oder bronzefarbenen Laub. Es wird normalerweise als halbwinterharte einjährige Pflanze gezogen, aber Stecklinge schlagen schnell Wurzeln, oder die Pflanzen müssen herausgenommen und in Töpfen überwintert werden. Sein kompakter Wuchs und sein üppiger Blütenflor machen das Fleißige Lieschen zu einer geeigneten Pflanze für streng angelegte Sommerbeete, für Töpfe und Blumenkästen, aber es eignet sich auch als Randbepflanzung gemischter Rabatten. Die dunkelblättrigen Hybriden mit scharlachroten Blüten unterstreichen mit Rottönen gestaltete Pflanzengruppierungen, während die blaßrosa und weißen Formen für eine sanftere Farbgebung zusammen mit blaßblauen Lobelien und grauem Laub sorgen.

DAHLIA-HYBRIDEN

DAHLIEN
H: 20–180 cm B: 20–90 cm
Die unzählig vielen Dahlien-Varietäten können als halbwinterharte einjährige Pflanzen, als winterharte einjährige Pflanzen oder als nahezu winterharte krautige mehrjährige Pflanzen auf leichten, warmen Böden oder als frostempfindliche mehrjährige Pflanzen gezogen werden. Die meisten wertvollen Varietäten werden aber am besten als frostempfindliche mehrjährige Pflanzen behandelt, wobei ihre knolligen Wurzeln nach den ersten Frösten aus der Rabatte genommen und überwintert werden; so treiben sie im frühen Frühjahr neu aus. Die Vermehrung geschieht durch Wurzelbildung der jungen Triebe.

Besonders wertvoll sind die eleganten kaktusähnlichen Varietäten in einer Zwischenhöhe: in Weiß, Gelb, in einem blassen und leuchtenden Orange, in Scharlachrot, Karmesin, Lavendel und Purpur.

HELIOTROPIUM peruvianum

HELIOTROP
H: 45 cm B: 45 cm
Heliotrop, der oft jedes Jahr neu aus Samen gezogen wird, kann auch in Töpfen überwintert werden, worauf er sich zu einer großen Pflanze entwickelt und im folgenden Sommer wesentlich früher blüht. Das dunkle Laub wird beinahe ganz von den breiten weißen, lavendelfarbenen oder dunkelpurpurfarbenen Blütenköpfen verdeckt wird. Der Duft der Blüten erinnert an einen köstlichen Kirschauflauf.

OSTEOSPERMUM jucundum

KAPKÖRBCHEN
H: 30 cm B: 45 cm
Osteospermum (oft auch als *Dimorphotheca barberiae* bezeichnet) bringt aus seinen ausladenden Hügeln von schmalen, sanftgrünen Blättern ohne Unterlaß eine Menge langstieliger »Astern«-Blüten in Weiß, Rosa, hellem Purpur oder Creme hervor. Sie benötigt einen gut durchlässigen Boden und volle Sonne und wird als Wurzelsteckling überwintert.

PELARGONIUM x hortorum

ZONALPELARGONIE
H: 45 cm B: 45 cm
Diese Pflanzen, die normalerweise in leuchtendfarbigen Sommerbeeten verwendet werden, können noch auf andere, subtilere Weisen eingesetzt werden: weiße Varietäten mit Steinkraut und grauem Laub, sanftes Orange mit blaßblauen Lobelien, Rosa mit lavendelfarbenen Petunien usw.

Moderne Varietäten werden wie halbwinterharte einjährige Pflanzen aus Samen gezogen. Die vielen panaschierten, kleinwüchsigen und gefüllten Varietäten lassen sich leicht durch Stecklinge vermehren. Besonders wertvoll sind 'Chelsea Gem' mit weißgeränderten Blättern und blaßlachsfarbenen Blüten, 'Mrs Henry Cox' mit cremefarbenen, roten, purpurnen und grünen Markierungen auf den Blättern und lachsfarbenen Blüten, 'Harry Heiover' mit gelben Blättern und scharlachroten Blüten und 'Vesuvius', eine Miniaturform mit fast schwarzen Blättern und dunklen scharlachroten Blüten.

SALVIA-SPEZIES

SALBEI
H: 45–120 cm B: 45 cm
Salvia farinacea, der Mehlige Salbei, trägt dunkelpurpurblaue Blütenähren über graugrünem Laub. Aus Samen oder Stecklingen gezogen, verbindet er sich gut mit rosa und weißen Blumen und mit grauem Laub und setzt hübsche vertikale Akzente. *S. guaranitica* ist ähnlich im Erscheinungsbild, hat aber dunkleres Laub und kleine

Salvia patens *'Cambridge Blue' (Salbei)*

hellblaue Blütenähren, die er aus dem Laub herausstreckt. Er bildet einen anmutigen dicken Tuff in der Rabatte und kann durch Teilung oder als Wurzelsteckling überwintert werden. *S. patens*, der seine großen, leuchtendblauen Blüten an lockeren Ähren über sein leuchtendgrünes Laub erhebt, kann aus Samen oder aus überwinterten Knollen gezogen werden. *S. fulgens* ist eine blattreichere Pflanze mit leuchtend karmesinroten Blüten, die mit einem auffallenden samtenen Flaum überzogen sind. *S. rutilans* bringt im Herbst orange-scharlachrote Blüten an einem ausladenden Busch mit weichen Blättern hervor, die nach Ananas duften, wenn man sie zerdrückt. Am besten zieht man diesen Salbei in einem Topf oder in einer geschützten Rabatte vor einer Mauer zusammen mit der Schönranke (*Eccremocarpus scaber*) und dem leuchtendblauen Bleiwurz (*Ceratostigma willmottianum*).

VERBENA-HYBRIDEN

VERBENEN

H: 25 cm B: 45 cm

Die vielen Arten der Verbenen und die weiter verbreiteten Hybriden bilden breite Kissen aus reizvoll gezähnten, blaßgrünen Blättern, die im Sommer und Herbst mit dichten, runden Köpfen aus Blüten mit fünf Petalen bedeckt sind. Die Farbpalette umfaßt Weiß, Rosa, Lavendel und Purpur, dunkles Karmesin-, leuchtendes Scharlach- und kräftiges Magentarot, wobei viele Hybriden funkelnde weiße Flecken in der Blütenmitte aufweisen. Verbenen werden immer mehr aus Samen als halbwinterharte einjährige Pflanzen gezogen, und es gibt gute Züchtungen in reinen Farben und Mischungen, doch die bekannten Varietäten werden immer noch durch Stecklinge vermehrt.

ZWEIJÄHRIGE PFLANZEN

Zweijährige Pflanzen werden im Freien oder häufiger als teure Samen unter Glas im Sommer ausgesät, dann in Zuchtbeete umgepflanzt und im Herbst an ihren endgültigen Standort gesetzt, wo sie dann im Frühjahr blühen. Einige von ihnen, z. B. Stiefmütterchen und Nelken, können auch früher im Jahr unter Glas eingesät werden und blühen dann noch im selben Jahr, wenn auch später. Sie werden wie halbwinterharte einjährige Pflanzen behandelt.

CAMPANULA medium

MARIENGLOCKENBLUME
H.: 75 cm B: 35 cm
Die Marienglockenblume füllt die Lücke zwischen der Blütenpracht im Frühjahr und den einjährigen Pflanzen, die erst allmählich im Spätsommer ihre Blüten öffnen. Sie bringt hohe Pyramiden mit großen glockenförmigen Blüten in hellem und dunklem Purpurblau, Rosa und Weiß hervor. Die gefüllten Formen sind sogar noch farbenprächtiger, und ihre kräftigen, aber eleganten Blütenähren sind dicht mit Glokkenblüten besetzt. Sie bilden eine besonders hübsche Gemeinschaft mit dem Storchschnabel (*Geranium ibericum*).

CHEIRANTHUS cheiri

GOLDLACK
H: 30–60 cm B: 25–45 cm
Die lieblichste aller frühjahrsblühenden Beetpflanzen ist der Goldlack, der eine Reihe schöner Farben mit einem wunderbaren Duft verbindet. Alte Varietäten mit dunkelroten, orangefarbenen oder gelben Blüten werden normalerweise mit hohen Tulpen kombiniert. Diese warmen Farben bieten auch ein herrliches Bild zusammen mit jungen roten Pfingstrosentrieben oder dem austreibenden Laub des Spierstrauchs (*Spiraea japonica* 'Goldflame'). Goldlack harmoniert gut mit Vergißmeinnicht oder mit der mehrjährigen *Brunnera macrophylla*, während die mehrfarbigen Mischungen in Rosa, Büffelgelb, Purpurrot und Creme sehr gut mit einer breiten Einfassung aus dunkelroten oder weißen gefüllten Maßliebchen oder mit dem dekorativen Laub der Bergenien und den jungen Trieben purpurfarbener Berberitzen harmonieren.

DIGITALIS purpurea

FINGERHUT
H: 1,50 m B: 60 cm
Dem Fingerhut (*Digitalis*) 'Excelsior' mit seinen langen Ähren, die ringsherum dicht mit purpur- oder weißgefleckten, trompetenartigen Blüten besetzt sind, fehlt zwar die Eleganz der Wildformen, aber zusammen mit den kräftigen Marienglockenblumen, den hügelbildenden Bartnelken und den gefüllten Margeriten bringt er im Frühsommer festliche bäuerliche Farbenpracht in den Garten.

In einer gemischten Rabatte und zwischen Sträuchern sind die hohen und sich elegant neigenden, einseitig besetzten Blütenähren des purpurfarbenen Fingerhuts und seine strahlendweiße Form von unvergleichlicher Schönheit. Beide ergeben ein harmonisches Bild in Verbindung mit alten Rosen und den vielen Pflanzen, die alte Rosen begleiten – Storchschnabel, Veilchen, dunkle Bartnelken und Bartfaden. Noch anmutiger zwischen blasseren Rosen, wie der Sorte 'Penelope', wirkt blaßaprikosenfarbiger Fingerhut.

HESPERIS matronalis

NACHTVIOLE
H: 75 cm B: 35 cm
Diese wenig bekannte, aber entzückende zweijährige Pflanze bringt im Frühsommer duftende weiße bis dunkellila Blüten hervor. Sie gedeiht und blüht im Halbschatten auf trockenem Boden.

Nachtviolen passen gut zu Fingerhut und Silberpfennig (*Lunaria annua*), denen sie sehr ähneln. Man kann sie aber auch hübsch mit den kompakteren Hügeln des mehrjährigen Goldlacks kombinieren. In einer schmalen Rabatte vor einer Mauer, inmitten eines dichten Teppichs aus Goldlack, bietet die duftende Pflanze ein bezauberndes Bild eigener Natürlichkeit.

LUNARIA annua

SILBERPFENNIG, SILBERLING
H: 60 cm B: 35 cm
Der Silberling läßt sich nicht gut verpflanzen und wird am besten an Ort und Stelle ausgesät, wo er dann über lange Zeit im Jahr mit seinen Blüten und Samenkapseln reizvolle Akzente setzt.

Aus einer Winterrosette aus dunkelgrünem Laub erheben sich seine weitverzweigten Stengel, die im Frühsommer mit lilafarbenen und weißen Blüten besetzt sind. Nach der Blüte hängen durchscheinende runde Samenkapseln – die »Silberpfennige« – an den Stengeln, die für Winterdekorationen getrocknet werden können. Der Silberpfennig paßt gut zu Flieder, purpurfarbenen Tulpen und sogar zu der schwierigen Farbe des *Prunus* 'Sekiyama'. Die weiße, panaschierte Form und die weißblühende Varietät dieser Form heben sich besonders im trockenen Schatten unter Bäumen und großen Sträuchern hervor und bringen Licht in solche sonst düster wirkenden Gartenecken.

MYOSOTIS alpestris

VERGISSMEINNICHT
H: 15 cm B: 15 cm
Obgleich es Vergißmeinnicht auch mit weißen und dunkelrosa Blüten gibt, sind die Varietäten in klarem Himmelblau und in dunkleren Blautönen die schönsten. Zusammen mit hell- oder dunkelgelben Tulpen, mit orangefarbenem und gelbem Goldlack und mit Narzissen sehen sie entzückend aus, ob sie nun in streng angelegten Beeten oder in zwangslosen Gruppen am Rande einer gemischten Rabatte stehen. Die Blautöne passen auch herrlich zu weißen Blumen, insbesondere zu der gefüllten weißen Gänsekresse und den gefüllten Maßliebchen – eine Kombination, die wiederum einen idealen Rahmen für gelbe oder rosa Tulpen abgibt.

Die rosa und weißen Formen eignen sich als Vordergrundbepflanzung vor Silberlingen oder Nachtviolen und bilden eine hübsche Gemeinschaft mit purpurfarbenen und roten Aubrietien.

ONOPORDUM acanthium

ESELSDISTEL

H: 2,50 m B: 1,50 m

Diese ansehnliche Pflanze erscheint im Spätsommer als kleine graue Rosette, die sich schnell ausbreitet und bald zu einer großen, ansehnlichen Pflanze von 90 cm im Durchmesser mit stachelig geränderten, fast geisterhaft weißen Blättern heranwächst. Im nächsten Frühling und Sommer wird die Blattrosette noch größer, und in ihrer Mitte erscheint ein Hauptstengel, der wächst und sich verzweigt, bis er einen breiten Kandelaber mit kleinen purpurfarbenen Disteln trägt. Abgesehen von den Distelblüten ist die ganze Pflanze silbergrau und unangenehm stachelig. Wenn sie sich selbst aussäen kann, breitet sie sich so stark aus, daß sie gerne ihre Nachbarn überwuchert und erdrückt.

Obgleich ihre Blüten nicht besonders auffällig sind, ist die Pflanze insgesamt so dekorativ, daß sie wirkungsvolle Blickpunkte in einem Blumengarten bilden kann. Sie verbindet sich gut mit sanftfarbenen Blumen wie Diascien, Bartfaden, Präriemalven (*Sidalcea*) und der graulaubigen Fuchsie (*Fuchsia magellanica* 'Versicolor').

VERBASCUM longifolium pannosum

KÖNIGSKERZE

H: 1,80 m B: 90 cm

Die Königskerze, eine andere großartige zweijährige Pflanze, ist ebenso sanft wollig, wie die Eselsdistel stachelig ist. Die Samen dieser größten verzweigten zweijährigen Pflanze sollten an Ort und Stelle ausgesät werden (oder selbst ausgesäte Sämlinge sollten selektiert werden), wo sie sich zu großen grauen Rosetten entwickeln können. Im nächsten Sommer streckt sich dann die mit weißem Flaum bedeckte Blütenähre zum Himmel, an der kleine gelbe Blütenbüschel sitzen.

Trotz ihrer Höhe sollte die Königskerze möglichst am vorderen Rand einer Rabatte stehen, um dort richtig zur Wirkung kommen zu können.

Digitalis purpurea *'Excelsior Hybrids' (Fingerhut)*

ZWIEBELGEWÄCHSE

Da Zwiebelgewächse ihren eigenen Nahrungsvorrat in sich tragen, hat man fast immer die Garantie, daß sie sogar in sehr schattigen Gärten einmal blühen. Beim Kauf von Zwiebelpflanzen sollte man aber immer darauf achten, daß sie in Gärtnereien gezogen und nicht in der freien Natur gesammelt worden sind.

Frühlingsblühende Zwiebelpflanzen entfalten einen prachtvollen Blütenzauber zu einer Zeit, wenn erst wenige Pflanzen aus dem Winterschlaf erwacht sind. Viele Zwiebelpflanzen können auf leichten Böden so tief gepflanzt werden, daß sie ungestört bleiben und viele Jahre blühen. Manche sind so robust, daß sie sogar im Gras gedeihen. Das Gras darf dann aber nicht geschnitten werden, bevor das Laub der Zwiebelpflanzen abgestorben ist. Wenn man das Mähen bis zum Hochsommer hinausschiebt, werden die Wildblumen angeregt, nach den Zwiebelpflanzen zu erblühen.

Auch sommerblühende Zwiebelpflanzen bringen leuchtende Farben hervor, und viele von ihnen setzen wertvolle vertikale Akzente. Die herbstblühenden Zwiebelpflanzen bringen frische, zarte Blüten hervor, wenn viele Pflanzen im Blumengarten schon recht zerzaust aussehen.

ACIDANTHERA murielae

STERNGLADIOLE
H: 90 cm B: 15 cm

Diese elegante Pflanze sieht besonders schön in wiederholt auftretenden Gruppen in der Blumenrabatte oder in großen Töpfen aus, wo sie zwischen grauem Laub, Heliotrop, Fuchsien und anderen runden Pflanzen gezogen werden kann.

ALLIUM-SPEZIES

LAUCH
H: 25–120 cm B: 10–30 cm

Es ist schier unmöglich, aus den vielen Allium-Spezies eine besondere Art hervorzuheben. Sie reichen vom *A. karataviense* mit seinen dichten Kugelköpfen aus purpur-rosafarbenen Blüten bis hin zu *A. siculum* (syn. *Nectaroscordum siculum*), einer schlanken Pflanze mit lockeren Blütenköpfen aus graugrünen und dunklen purpurfarbenen Blüten. Zu den schönsten Arten zählen *A. christophii* mit seinen großen Kugelköpfen in einem Durchmesser von 15 cm aus metallisch purpurrosa Blüten, die schon im Frühsommer blühen, *A. giganteum* mit seinen kompakten, leuchtend lilafarbenen Blütenkugeln in einem Durch-

Allium giganteum *(Lauch)*

Cyclamen coum *(Alpenveilchen)*

messer von 10 cm auf steifen, 120 cm langen Stielen (auch im Frühsommer), *A. cernuum*, eine schlanke Pflanze mit hängenden blaßrosa Blüten auf 25 cm langen Stielen, die sich später im Sommer öffnen, und *A. sphaerocephalon* mit kleinen, kastanienbraunen Blütenköpfen auf zerbrechlichen, 45 cm langen Stielen, die erst im Spätsommer oder Herbst erscheinen.

CHIONODOXA luciliae

SCHNEESTOLZ
H: 15 cm B: 7 cm
Der zu Beginn des Frühjahrs blühende Schneestolz mit seinen himmelblauen, sternförmigen Blüten, die wegen ihrer weißen Mitte noch blasser wirken, ist ein reizender Begleiter für Primeln, Scilla in einem dunkleren Blau und späten Schneeglöckchen. Er wächst in Gras und eignet sich auch für gemischte Rabatten

Fritillaria meleagris *'Adonis'*

COLCHICUM speciosum

HERBSTZEITLOSE
H: 25 cm B: 30 cm
Es gibt viele Arten der Herbstzeitlosen, aber *C. speciosum* mit ihren verschiedenen purpur-rosafarbenen Schattierungen und ihrer anmutigen weißen Form ist leicht zu ziehen und höchst reizvoll. Die Blüten erscheinen im Frühherbst noch vor den Blättern und werden von schweren Regenfällen leicht abgeknickt. Um ihnen etwas Halt zu geben, sollten sie möglichst ins Gras oder zwischen niedrige Stauden gesetzt werden.

CROCUS tommasinianus

KROKUS
H: 10 cm B: 5 cm
C. tommasinianus vereint mit seinen schlanken, purpur- und lilafarbenen oder gelegentlich weißen Blüten, die sich beinahe flach im Frühjahrssonnenschein öffnen, den ganzen Zauber aller Krokusarten in sich. In der Blumenrabatte kann er sich durch Ableger oder Samen so stark ausbreiten, daß man ihn besser unter laubabwerfende Sträucher oder in Graspartien pflanzt.

C. speciosus und seine weiße Form blühen im Herbst; sie sind viel zarter als die großen Herbstzeitlosen. *C. laevigatus* 'Fontaneyi' mit seinen feingefiederten, köstlich duftenden Blüten in dunklem und hellem Purpur blüht den ganzen Winter über, wenn er auf gut durchlässigem Boden in voller Sonne steht.

CYCLAMEN-SPEZIES

ALPENVEILCHEN
H: 10 cm B: 20 cm
Cyclamen hederifolium (*C. neapolitanum*) ist das bekannteste Alpenveilchen unter den winterharten Arten. Es bringt im Herbst rosa oder weiße Blüten mit gedrehten Blütenblättern kurz vor dem Erscheinen der schön marmorierten Blätter hervor, die dann den ganzen Winter über bis zum Frühsommer erhalten bleiben. Es gedeiht gut unter Koniferen und an trockenen, schattigen Standorten, an denen sonst nichts gedeihen mag.

Cyclamen coum hat kleinere, aber entzückende purpurfarbene Blüten, die sich mitten im Winter über dunkelgrünen Blättern mit purpurfarbenen Unterseiten erheben. *C. repandum* folgt im Frühjahr mit hohen und eleganten magentaroten Blüten.

ERANTHIS hyemalis

WINTERLING
H: 10 cm B: 5 cm
Die kräftig gelben Blütenschalen des Winterlings, die am Ende des Winters aus dem geschmolzenen Schnee herausschauen, bieten einen fröhlichen Anblick. Der Winterling gedeiht besonders gut auf alkalischen Böden und in trockenem Schatten und bildet unter Buchen und anderen Bäumen große Teppiche. Am besten läßt er sich durch Samen vermehren, denn getrocknete Knollen wachsen nicht immer gut an. Dikkere Horste können nach der Blüte, solange sie noch grün sind, herausgenommen und geteilt werden.

Winterlinge gedeihen in Gras nicht gut, sehen aber unter Sträuchern und in großen Gruppen in gemischten Rabatten entzükkend aus. Im kleinen Garten sehen ihre gelben Blüten und die dauerhafteren leuchtend grünen »Halskrausen« reizend zwischen Pfingstrosen, Storchschnabel und anderen Stauden aus, die bald ihr absterbendes Laub bedecken.

FRITILLARIA-SPEZIES

H: 100 cm B: 30 cm
Fritillaria imperialis, die Kaiserkrone, gehört zu den auffallendsten Zwiebelgewächsen, die im Frühsommer blühen. Sie bringt im Frühjahr gedrungene, blaßgrüne Triebe hervor, die schnell wachsen, bis sie am Stielende eine Krone aus gelben, orangefarbenen oder ziegelroten hängenden Blüten und eine abschließende Blattrosette tragen. Die Blätter sterben schnell nach der Blüte ab, aber auf einem einigermaßen schweren alkalischen Boden bilden die Zwiebeln große, langlebige Horste. Die ganze Pflanze strömt einen strengen Geruch aus, der in einem kleinen, umschlossenen Garten unangenehm sein kann.

Fritillaria meleagris, die elegante Schachbrettblume, stellt mit ihren großen, nickenden Blütenglocken am Ende jedes zerbrechlichen Stengels derlei Probleme nicht. Sie gedeiht besonders gut auf nassen Böden, gibt sich aber auch mit trockenen Standortbedingungen zufrieden.

GALANTHUS nivalis

SCHNEEGLÖCKCHEN

H: 15 cm   B: 7 cm

Der besondere Charme des Schneeglöckchens kommt noch besser zur Geltung, wenn ein einzelner dicker Tuff im Spätwinter aus einer dunklen Ecke in einem kleinen Garten herüberleuchtet und seinen Schmuck aus funkelnd weißen Blütenglokken zur Schau stellt, als wenn sich (wie es häufiger anzutreffen ist) große Flächen nickender Blüten über den Waldlandboden ausbreiten. Die grau-grünen Blätter bilden einen zusätzlichen Rahmen für die Blüten und entwickeln sich später im Jahr zu eleganten Laubhügeln. Die Verwendungsmöglichkeiten von Schneeglöckchen sind zahllos: zwischen niedrigen krautigen Pflanzen, unter laubabwerfenden Sträuchern oder zwischen Farnen und niedrigen immergrünen Pflanzen.

GLADIOLUS-HYBRIDEN

GLADIOLEN

H: 75–120 cm   B: 20–30 cm

Mit ihren schwertförmigen Blättern und hohen Blütenähren in vielen sanften und leuchtenden Farben sind die Gladiolen besonders geeignet, um vertikale Akzente zu setzen. Hohe, großblütige Hybriden müssen abgestützt werden, aber die nicht so steifen Primulinus-, Nanus- und Butterfly-Hybriden mit ihren kürzeren und eleganteren, spitz zulaufenden Blütenähren benötigen normalerweise keine Stütze. Sie halten sich über mehrere Wochen, und ihre Blütezeit kann noch verlängert werden, wenn

man Gruppen pflanzt, die in Intervallen von 10 bis 14 Tagen vom Frühling bis zum Frühsommer zu blühen beginnen.

HYACINTHUS orientalis

Hyazinthe
H: 25 cm B: 20 cm
Die gezüchteten Hybriden der Hyazinthe haben schwere Ähren mit duftenden Blüten in Weiß, Rosa, Blau, Rot, Purpur, Blaßgelb und Apricot-Orange. Ihre sanften Farben, ihr schwerer Duft und ihre kompakten, einheitlichen Blütenähren haben sie lange Zeit zu den am meisten geschätzten Pflanzen für Frühlingsbeete gemacht, wobei sie alleine oder zusammen mit einer Einfassung aus Vergißmeinnicht oder gefüllten Maßliebchen angepflanzt wurden. Als Topfpflanze kann man sie im Winter leicht zum Blühen bringen.

IRIS reticulata

Iris
H: 20 cm B: 5 cm
Kaum treiben die ersten Blattspitzen der Iris aus dem Boden, öffnet sie an warmen Tagen zu Beginn des Frühlings ihre gelb markierten, violettblauen, himmelblauen oder dunklen, kastanienbraunen Blüten und entläßt einen wunderbaren Duft, der die ersten Bienen anlockt. Auf lichten Böden breitet sie sich rasch aus, und man muß die großgewordenen Horste alle drei bis vier Jahre teilen, damit die einzelnen Blüten wieder an Schönheit zunehmen. Die langen, schlanken Blätter, die sich nach der Blüte entfalten, werden unansehnlich. Aber diesen Nachteil nimmt man für die Blüten gern in Kauf. Die Iris läßt sich auch leicht in Töpfen ziehen.

LILIUM-SPEZIES und -HYBRIDEN

Lilien
H: 60–120 cm B: 25–45 cm
In den letzten Jahren ist die Anzahl leicht zu ziehender Lilien-Hybriden enorm gestiegen und ihr Preis stark gefallen, so daß

Links: Galanthus nivalis *(Schneeglöckchen)*
Eranthis hyemalis *(Winterling)*
Rechts: Lilium-Hybride *(Lilie)*

diese Aristokraten unter den Zwiebelgewächsen in jedem Garten einen Platz haben sollten. Species wie *L. auratum*, *L. pardalinum*, *L. speciosum* und *L. lancifolium*, die auf sauren Böden gedeihen, oder *L. candidum*, *L. chalcedonicum*, *L. henryi*, *L. martagon* und *L. regale*, die alle alkalischen Boden benötigen, bieten ein breites Spektrum an Höhen, Blütezeiten, Farben und schönen Blütenformen für Sonne oder Halbschatten an. Die asiatischen Hybriden und die trompetenförmigen orientalischen Hybriden sind noch vielfältiger, dafür aber sehr teuer.

NARCISSUS-HYBRIDEN

NARZISSEN UND OSTERGLOCKEN

H: 15–45 cm B: 7–15 cm

Narzissen schaffen herrliche Bilder mit gelben Forsythien, blauen Scilla und Kaukasusvergißmeinnicht, frühblühenden weißen Kirschen, Magnolien und Felsenbirnen und mit goldenem frischen Laub. *Narcissus bulbocodium* und die bezaubernden zwergwüchsigen *Cyclamineus*-Hybriden blühen sehr früh und meist sehr lange. Die *Juncifolius*-Hybriden, wie z. B. die hohe, schlanke 'Trevithian', haben einen wunderbaren Duft, während 'Beersheba' und andere weiße Narzissen sich durch eine geradezu ätherische Schönheit auszeichnen. Am spätesten blüht die sehr alte *Narcissus poeticus* 'Old Pheasant's Eye' (Syn. *N.p. recurva*) mit ihren ausgebreiteten weißen Blütenblättern und ihren kleinen, leuchtend roten Blütenschalen.

Die großen Osterglocken pflanzt man am besten in großen Gruppen in Grasflächen, da sie nach der Blüte unordentlich aussehen, aber die kleineren Hybriden sind besonders wertvoll im kleinen Garten zwischen krautigen Pflanzen, die ihr absterbendes Laub verbergen.

NERINE bowdenii

NERINE
H: 45 cm B: 15 cm
Pflanzt man die Nerine an ein ungestörtes Plätzchen zu Füßen einer sonnigen Mauer, dann entwickelt sie im Frühsommer große Horste mit glänzenden, bandförmigen Blättern, die langsam absterben, bevor eine Fülle großer rosa Blüten erscheint. Sehr hübsch sehen sie mit *Ceratostigma*, *Caryopteris* und anderen graublauen Blumen aus, doch muß man darauf achten, daß den Zwiebeln der Nerinen nicht das Licht genommen wird.

Mit der Nerine sind drei andere Pflanzen verwandt, die erwähnt werden müssen: *Sternbergia lutea*, die wie ein kräftiger goldener Krokus aussieht, die weiße *Zephyranthes candida* und die rosafarbene *Z. grandiflora* mit großen, sternförmigen Blüten. Sie alle blühen im Herbst üppig in schmalen, sonnigen Rabatten.

SCILLA-SPEZIES

H: 15 cm B: 7 cm
Die kräftigblaue *S. bifolia* und die etwas später blühende *S. sibirica* gehören zu den bekanntesten Arten; *S. tubergeniana* (syn. *mischtschenkoana*) wird zu Unrecht vernachlässigt. Sie öffnet im Spätwinter direkt am Boden ihre eisblauen Blüten, und ihre Blütenähren erreichen innerhalb von sechs Wochen ihre volle Höhe.

TIGRIDA pavonia

TIGER- ODER PFAUENBLUME
H: 45 cm B: 12 cm
Die Tigerblumen können an geschützte Plätze im Garten gepflanzt werden. Viel bessere Ergebnisse erzielt man aber, wenn man sie dicht nebeneinander – ungefähr 10 bis 12 Stück – in einen Topf pflanzt und sie nach draußen stellt, wenn sie zu blühen beginnen. Pflanzt man vom Frühjahr bis zum Frühsommer immer wieder neue Tigerblumen, so kann man sich vom Spätsommer bis zum Herbst an ihren Blüten erfreuen. Man läßt sie eintrocknen und überwintert sie im Haus. Die neuen Triebe sind verhältnismäßig empfindlich, deshalb sollte man sie im Topf an kleinen Bambusstöcken mit etwas Bast festbinden.

Belohnt wird diese Mühe mit immer neuen exotischen Blüten, die sich zwei bis drei Wochen lang halten; sie bestehen aus jeweils drei runden Blütenblättern in Rosa, Rot, Orange oder Gelb und einer weißen Mitte mit dunkelbraunen Punkten. Sie können mit grauem Laub oder mit kleinblütigen Pflanzen wie Verbenen oder Lobelien kombiniert werden, aber sie sind auch für sich allein.

TULIPA-HYBRIDEN

TULPEN
H: 15–90 cm B: 15 cm
Es gibt keine Blumen, deren Farben vielfältiger sind als die der Tulpen. Mit ihrer ausgedehnten Blütezeit, die im frühen Frühjahr mit den niedrigen Hybriden *T. kaufmanniana* und *T. greigii* beginnt und mit den hohen Darwin- und Cottagetulpen im Frühsommer aufhört, sind sie unschätzbar für den Blumengarten. Traditionsgemäß werden sie mit Goldlack, Aubrietien, Gartenprimeln oder Veilchen in strengen Beetformationen oder in unregelmäßigen Gruppen in gemischten Rabatten angepflanzt. Sie sehen auch in Töpfen hübsch aus, wobei man dann vor allem den süßen Duft der leider kurzlebigen 'General de Wet' (orange) und 'Bellona' (gelb) aus nächster Nähe genießen kann.

Auf leichten Böden müssen Tulpen tief gepflanzt werden (20–25 cm), um viele Jahre zwischen krautigen Pflanzen überleben zu können.

LINKS: Narcissus bulbocodium conspicuum *(Narzisse)*
RECHTS: Tulipa clusiana *(Tulpe)*

STAUDEN

Für Stauden ist es typisch, daß sie im Herbst bis zum Boden absterben und im Frühjahr und Sommer wieder neu austreiben. Die neuentfalteten Triebe, die sich anschließend mit Blüten und später mit meist reizvollen Samenständen schmükken, bilden ein Hauptelement des Blumengartens.

Die Stauden sind eine sehr vielseitige Pflanzengruppe. Einige sind ausgezeichnete Bodendecker, andere harmonieren mit frühblühenden Zwiebelpflanzen, deren absterbendes Laub sie verbergen, manche blühen über eine sehr lange Zeit, und wieder andere verleihen dem Garten einen kurzen, dafür aber unvergleichlichen Zauber. Das tote Laub mancher Stauden bleibt den ganzen Winter über reizvoll, während andere Pflanzen immergrünes Laub besitzen. Einige Stauden bringen sogar mitten im Winter ihre wertvollen Blüten hervor.

ACHILLEA 'Moonshine'

Schafgarbe
H: 45 cm B: 45 cm
Diese Pflanze mit ihrer sanften Farbe und ihrem fein eingeschnittenen, graugrünen Laub trägt im Sommer flache, zitronengelbe Blütenköpfe. Ihre Blüten, die über eine lange Zeit einen schönen Anblick bieten, verblassen allmählich zu einem hellen Braunton.

Sie verträgt nur gut durchlässige Böden und muß häufig geteilt werden, um ihren kompakten und kräftigen Wuchs zu behalten. Sonst ist sie eine problemlose Pflanze, die besonders gut zur Geltung kommt, wenn sie ihre langen Blütenstiele zwischen blauem Agapanthus und purpurfarbenem Salbei über den Rabattenrand neigen kann.

AGAPANTHUS 'Headbourne Hybrids'

Schmucklilien
H: 60-90 cm B: 45 cm
Die meisten südafrikanischen blauen Lilien sind nicht winterhart, im Sommer eignen sie sich aber vorzüglich als Topfpflanzen. Die Headbourne-Hybriden sind dagegen herrliche Gartenpflanzen, die dicke Horste aus leuchtendgrünem, schmalem Blattwerk bilden, über die sich im Spätsommer und Herbst lange Stiele mit blauen oder weißen Blütenkugeln erheben. Auch die Samenstände sind reizvoll und können bis in den Winter hinein stehenbleiben. Es gibt verschiedene Varietäten, die in der Höhe und in der Intensität oder Blütenfarbe variieren; sie alle sind problemlose langlebige Pflanzen, die dicke Horste bilden. Sie lassen sich leicht durch Teilung im Frühjahr vermehren und sehen hübsch in großen Gruppen aus.

ALSTROEMERIA 'Ligtu Hybrids'

Alstroemerie, Inkalilie
H: 90 cm B: 90 cm
Alstroemerien benötigen einen gut durchlässigen Boden in voller Sonne und haben Schwierigkeiten, sich einzugewöhnen. Deshalb sollte man sie zuerst in Töpfe ein-

säen und dann als Sämlinge auspflanzen. Wenn sie sich aber eingelebt haben, gedeihen sie problemlos, breiten sich kräftig aus und bringen im Laufe der Jahre eine Fülle dekorativer Blüten hervor, die sich im Sommer über das entzückende blaßgraugrüne Laub erheben.

ALTHAEA ROSEA

STOCKMALVE
H: 2,50 m B: 75 cm
Die hohen Blütenähren der Stockmalven lassen unweigerlich die Atmosphäre eines Bauerngartens entstehen. Bedauerlicherweise werden sie von einer Rostkrankheit befallen, die schwer zu bekämpfen ist, so daß man immer wieder neue Pflanzen aus Samen ziehen sollte. Die Samen können zu Beginn des Frühlings unter Glas eingesät werden, damit sie dann im Spätsommer und Herbst blühen. Sät man sie im Sommer ein, blühen sie im folgenden Jahr schon früher und an höheren Blütenähren.

Die meisten Varietäten besitzen gefüllte Blüten, die länger halten und farbenprächtiger sind als die ungefüllten. Da die einjährigen Pflanzen kürzere Blütenähren hervorbringen, wirken sie etwas untersetzt.

ANCHUSA azurea

OCHSENZUNGE
H: 90 cm B: 75 cm
Die Ochsenzunge ist eine kurzlebige Staude, die nur auf gut durchlässigen und vorzugsweise alkalischen Böden gedeiht. Erschöpfte Pflanzen können aber leicht durch im Herbst abgenommene Wurzelstecklinge ersetzt werden. Aus einer Grundrosette aus groben, stacheligen Blättern erhebt sich im Frühsommer etwa einen Monat lang eine weitverzweigte Blütenähre, besetzt mit kleinen, leuchtendblauen Blüten. Diese Blütenähre knickt gerne direkt über dem Boden um und sollte deshalb an einem kurzen Stock festgebunden werden.

LINKS: Achillea *'Moonshine' (Schafgarbe)*
RECHTS: Anchusa azurea *(Ochsenzunge)*

ANEMONE x hybrida

JAPANISCHE ANEMONE
H: 1,20 m B: 60 cm
Mit ihren langen, schlanken Stengeln, die verzweigte Blütenköpfe in Weiß und Hell- oder Dunkelrosa über 40 cm hohen Blatthügeln tragen, gehören die Japanischen Anemonen zu den schönsten Pflanzen im herbstlichen Garten. Die ausgebreiteten, runden Blüten, die in der Mitte einen Büschel gelber Staubgefäße tragen, bilden einen wertvollen Kontrast zu den verschwommeneren Blütenwolken der Schmetterlingssträucher, Herbstastern und anderen Herbstblumen. Die Japanische Anemone gedeiht überall in einem gut durchlässigen Boden. Sie sieht reizend aus in bandförmigen Gruppen, die sich durch Rabatten mit früherblühenden Sträuchern oder durch Teppiche aus bodendeckenden Storchschnabelarten ziehen. Sie kommt auch vor Rabatten mit krautigen Pflanzen gut zur Geltung, wo die hohen Blütenstengel für Höhe sorgen.

AQUILEGIA-HYBRIDEN

AKELEI
H: 90 cm B: 35 cm
Die langsporigen Blüten der Akelei, die auf hohen, aufrechten Stielen über blaugrünen Laubhügeln tanzen, verleihen dem frühsommerlichen Blumengarten üppige Lebendigkeit. Durch Entfernen der verblühten Blüten verlängert sich die Blütezeit, und danach schneidet man die Stiele direkt am Boden ab und läßt das Laub stehen, da es einen prächtigen Rahmen für spätere Blumen in der Rabatte bildet. Die Farbpalette ist groß, angefangen von Weiß, Creme und blassem Rosa über Lavendel bis zu leuchtendem Rot und Gelb – oft in zweifarbigen Kombinationen von sanftem Zitronengelb und Weiß bis hin zu leuchtendem Rot und Gelb. Sie läßt sich leicht aus Samen ziehen, und falls sie in einer Gärtnerei ausgesät wird, können die Pflanzen nach Farben sortiert und ausgezeichnet und im Herbst in die passende Umgebung ausgepflanzt werden.

ASTER x frikartii

ASTER
H: 75 cm B: 45 cm
Die Herbstastern *Aster novi-belgii* sind die Hauptstütze des herbstlichen Blumengartens, doch sind sie anfällig für Mehltau und Milbenbefall. *A. x frikartii* dagegen, die nicht an diesen Krankheiten leidet, trägt vom Sommer bis zum Herbst langstrahlige, lavendelblaue Blüten an kräftigen, aufrechten Stielen. Sie benötigt einen guten Boden und eine sonnige Lage, und sie muß regelmäßig geteilt werden, um uns mit üppigem Blütenflor zu belohnen.

Es gibt viele andere schöne Astern, etwa *A. acris* 'Nana' (syn. *A. sedifolius nanus*) mit blaßfarbenen Blütenkuppeln, die sich über grauem Laub im Spätsommer erheben, *A. divaricatus* mit winzigen, weißen, sternförmigen Blüten, die im Herbst an fast schwarzen Stengeln erscheinen, und die faszinierende *A. lateriflorus* 'Horizontalis', die ihre fliederfarbenen Blüten im Spätherbst an dichten, horizontalen Zweigen ausbreitet und deren purpurfarbene Blätter an waagerechten Seitenstielen sitzen.

ASTRANTIA major

STERNDOLDE
H: 60 cm B: 60 cm
Die Sterndolde gedeiht am besten auf gutem, feuchtem Boden. Sie bringt dann Hügel aus stark gezähnten, dunkelgrünen Blättern hervor und erfreut uns bis zum Herbst mit üppigem Blütenflor. Die Blüten bestehen aus Gruppen winziger Blütchen, umgeben von einem »Kragen« aus grünlich-weißen Hüllblättern. Bei der Varietät 'Shaggy' sind die Hüllblätter lang, leicht gedreht und an den Spitzen geteilt, während die Sorte 'Rubra' in ein dunkles Purpurrosa gefärbt ist. Keine Sorte besitzt leuchtende Farben, aber die Fülle ihrer faszinierenden Blüten macht sie für feuchte Standorte besonders wertvoll.

GANZ LINKS: Anemone x hybrida *'Honorine Jobert'*
LINKS: Brunnera macrophylla *(Kaukasus-Vergißmeinnicht)*
RECHTS: Campanula lactiflora *(Glockenblume)*

BRUNNERA macrophylla

BRUNNERA

H: 45 cm B: 45 cm

Die blaßgrünen, herzförmigen, halbimmergrünen Blätter der Brunnera sind im Winter ein wertvolles Laub am Rande einer Blumenrabatte; man sollte sie aber im Spätwinter abschneiden, so daß die neuen Blütenstiele mit den blaßblauen Vergißmeinnichtblüten vom ersten Erscheinen an sichtbar sind. Die Blütenstiele werden etwa im Laufe eines Monats üppiger und größer, verschwinden aber allmählich in den immer größer werdenden Laubhügeln. Brunnera sieht besonders hübsch zwischen weißen Narzissen oder der blassen *Narcissus triandrus* aus, mit der sie wunderbar harmoniert.

CAMPANULA lactiflora

GLOCKENBLUME

H: 1,50 m B: 1 m

Glockenblumen gibt es in den unterschiedlichsten Höhen – von zwergwüchsigen Arten für den Steingarten bis zu ganz hohen für die Blumenrabatte. Eine der schönsten Glockenblumen für den Blumengarten ist sicher *C. lactiflora.* Lange dunkelgrüne Blätter, die auf der Unterseite graugrün schimmern, sitzen an hohen aufrechten Stengeln, die im Hochsommer große Blütenkuppeln in verschiedenen lavendel-purpurfarbenen oder weißen Schattierungen tragen. Wenn die Hauptblütenköpfe nach dem Verblühen entfernt werden, setzen kleinere seitliche Blütenähren das Blütenschauspiel für viele Wochen fort. Die Pflanze sollte, sobald sie eine bestimmte Größe überschritten hat, möglichst mit Stöcken abgestützt werden, damit sie nicht von heftigem Regen zerschlagen wird.

CENTAUREA ruthenica

FLOCKENBLUME
H: 75 cm B: 45 cm
Normalerweise wird mit der Flockenblumen die Farbe Blau assoziiert, aber diese Art trägt duftige Blüten in einem köstlichen blassen Zitronengelb an langen, dunkelgrünen Stengeln über stark gezähnten, grünen Blättern. Die schlanke Pflanze bildet eine hübsche Gemeinschaft mit blauen, purpurfarbenen oder weißen Blumen. Sie gedeiht auf gut durchlässigen Böden.

CENTRANTHUS ruber

SPORNBLUME
H: 60 cm B: 60 cm
Die Spornblume wächst wild auf Kalksteinfelsen und bietet einen wundervollen Anblick, wenn ihre rundlichen, fleischigen, graugrünen Laubmassen, die kleine, rosa Blüten tragen, aus den Felsspalten herauswachsen. Die ganz dunkle Form *C. r. atrococcineus* paßt ausgezeichnet zu purpurfarbenem Laub und alten Rosen, und es gibt sogar eine reizvollere weiße Form, die sich auch mit blauen, blaßgelben, rosa und anderen blaßfarbigen Blumen gut kombinieren läßt. Sie blüht ohne Unterbrechung den ganzen Sommer über, und dann sollte man sie bis zum Boden zurückschneiden; so erfreut sie uns mit frischem Laub und ein paar späten Blüten.

CEPHALARIA gigantea

SCHUPPENKOPF
H: 2 m B: 1 m
Cephalaria gigantea, der auch als *C. tatarica* bekannt und ein enger Verwandter der Skabiose ist, trägt im Frühsommer große, elegante blaßzitronengelbe Blüten an weitverzweigten Stielen. In der Farbe ist er der Flockenblume *(Centaurea ruthenica)* sehr ähnlich, aber er ist viel größer und deshalb nur für große Gärten geeignet, wo er herrliche Wirkungen zwischen blauer Iris oder weißen Lupinen schafft.

Centranthus ruber atrococcineus
(Spornblume)

CERATOSTIGMA plumpaginoides

BLEIWURZ
H: 25 cm B: 35 cm
Diese halbimmergrüne kriechende Pflanze wuchert auf leichten Böden. Im Herbst färben sich die Blätter kastanienbraun, und die Pflanze bringt ihre leuchtendblauen Blüten hervor; sie blüht bis zu den ersten Frösten. Sie sieht reizend zwischen Fuchsien und zusammen mit graulaubigen Pflanzen aus, und wenn sie im Spätwinter bis zum Boden zurückgeschnitten wird, macht sie den Platz frei für Scilla, Krokusse und andere frühblühende Zwiebelpflanzen, bevor sie mit neuen Blättern wiederum ihr absterbendes Laub überdeckt.

C. willmottianum (H: 60 cm; B: 60 cm) wächst als aufrechter Busch und besitzt graugrüne Blätter. In kalten Wintern friert sie bis auf den Boden zurück, aber dennoch lohnt es sich, bis zum Frühjahr mit dem Abschneiden der abgestorbenen Stengel zu warten, um nicht auf den reizenden Anblick der Samenköpfe in einem warmen Braunton verzichten zu müssen.

CHRYSANTHEMUM maximum

SOMMERMARGERITE
H: 90 cm B: 60 cm
Ein unerschöpflicher Vorrat an großen, weißen Margeriten füllt in der Blumenrabatte die Lücke, die zwischen der frühsommerlichen Blütenpracht und dem üppigen Herbstflor mit Astern, Goldruten und Chrysanthemen entsteht. Die Blüten können ungefüllt sein und eine rein gelbe Mitte haben, sie können gefüllt oder gefranst sein oder in der Mitte eine Scheibe wie die Anemone aufweisen. Die meisten Sorten müssen abgestützt werden.

Dann gibt es noch die hoch gezüchteten Hybriden in Hunderten von Varietäten. Sie wurden aber vorwiegend für Ausstellungen und als Schnittblumen gezüchtet, und nur wenige sind verläßliche Gartenpflanzen. Wo sie aber frostfrei überwintert, durch Stecklinge vermehrt und nach dem Frost ausgepflanzt werden können, sind sie sehr hübsche und wertvolle Pflanzen.

Coreopsis verticillata *(Mädchenauge)*

COREOPSIS verticillata

MÄDCHENAUGE
H: 60 cm B: 45 cm
Die leuchtendgelben „Astern"-Blüten des Mädchenauges, die sich aus schmalen Blütenblättern zusammensetzen, schaffen eine fröhliche Wirkung. Das Mädchenauge blüht über mehrere Monate vom Sommer bis zum Herbst. Im Laufe der Zeit bildet es große Wurzelballen, ohne jedoch zu wuchern. In jüngster Zeit ist eine schwefelgelbe Sorte ('Moonbeam') eingeführt worden – eine Pflanze, die ausgezeichnet mit den vielen lavendel-purpurfarbenen Blüten des Spätsommers harmoniert.

CORYDALIS ochroleuca

LERCHENSPORN
H: 20 cm B: 30 cm
Mit seinen Tuffs aus farnartigem, blaßgrünem Laub und seiner Eigenschaft, sich selbst in Mauerfugen und Steinritzen auszusäen, eignet sich der Lerchensporn vorzüglich zum Überspielen harter Ränder in einem Blumengarten. Er toleriert Schatten und trockene Böden, insbesondere wenn sich die Wurzeln unter einem Pflaster ausbreiten können. Die röhrenförmigen Blüten sind milchweiß und tragen gelbe Markierungen rings um den schmallippigen Schlund. Sie blühen im Frühjahr in Fülle und mit Unterbrechungen im Sommer und Herbst.

CRAMBE cordifolia

MEERKOHL
H: 2 m B: 1,50 m
Diese außergewöhnliche Pflanze bringt im Frühjahr Hügel aus dunkelgrünen, gekräuselten Kohlblättern hervor. Aus den einzelnen Blattrosetten erheben sich im Frühsommer kräftige Blütenstiele, die allmählich in einer großen Wolke winzige, weißer Blüten verschwinden, deren süßer Honigduft allerdings von dem strengen Kohlduft überdeckt wird, wenn man sie abpflückt. Die Blütenstiele knicken mitunter um und sollten dann entfernt werden.

CROCOSMIA x crocosmiiflora

MONTBRETIE
H: 45 cm B: 30 cm
Das schilfartige Laub und die schlanken orangefarbenen Blütenähren im Spätsommer machen den besonderen Charme der Montbretien aus. Die widerstandsfähigsten Sorten breiten sich zu großen Kolonien mit wenigen Blüten aus. Viele alte Hybriden sind nicht so ausbreitungsfreudig, es sei denn, man pflanzt sie an einen warmen, geschützten Platz in nahrhaften, feuchten Boden. Trotz dieser Mühen lohnt es, die blasse aprikosenfarbene Sorte 'Solfatare' mit ihren bronzefarbenen Blättern und die ziegelrote und gelbe 'Jackanapes' und andere Hyriden zu pflanzen.

Crocosmia masonorum und die Bressingham-Hybriden – eine Kreuzung zwischen der letztgenannten und *C. paniculata* (syn. *Curtonus paniculatus*) – sind höhere und kräftigere Pflanzen mit breiten, gebogenen Blättern.

DIASCIA cordifolia

DIASCIE
H: 15 cm B: 20 cm
Die Diascien werden erst seit kurzem kultiviert. Wenn auch nicht zuverlässig winterhart, so gedeihen sie doch gut auf warmem, durchlässigem Boden und lassen sich leicht durch Stecklinge vermehren. *D. cordifolia,* die niedrigste der verschiedenen Arten, bildet eine dichte Matte aus nur 2,5 cm hohen, bläulich-graugrünen Blättern, aus der schlanke Blütenstiele aufragen, die immer wieder mit zarten, lachsrosa Blüten mit einem dunkleren Auge besetzt sind. Sie sieht besonders als Randpflanze reizend aus, vor allem, wenn sie in einen Weg hineinwächst und Lücken zwischen Pflastersteinen ausfüllen kann. *D. rigescens* wird ungefähr 40 cm hoch und bringt längere Blütenähren hervor, die mit den kompakten Blütenkugeln des Agapanthus und den blauen Blütenähren des Bartfadens *(Penstemon heterophyllus)* harmonieren.

DICENTRA formosa

HERZBLUME
H: 35 cm B: 45 cm
Diese fleischige Pflanze bringt im Frühling und Frühsommer hängende rosa Blütenmedaillons über Hügeln aus feinen graugrünen Blättern hervor. Sie ist an sich eine anspruchslose Pflanze, blüht aber länger in einem feuchten Boden. *D. f. oregana* ist eng mit ihr verwandt; sie hat bronzegetönte graue Blätter und cremeweiße Blüten.

Das Tränende Herz *(Dicentra spectabilis)* wird höher und trägt große, hängende Blüten an gebogenen Stielen. Diese Pflanze und die dazugehörige weiße Form sind ausnehmend schön, sie gedeiht aber nur in einem sehr feuchten, nahrhaften Boden und muß häufig geteilt werden.

DIERAMA pulcherrimum

TRICHTERSCHWERTEL
H: 1,20 m B: 75 cm
Der Trichterschwertel ist eine ausgesprochen elegante Pflanze mit schmalen, grasähnlichen Blättern und langen, sich zu Boden neigenden Blütenstielen, an denen im Spätsommer schmale, trichterförmige rosa- oder purpurfarbene Blüten hängen. Der Trichterschwertel gedeiht in einem feuchten Boden in der Sonne, toleriert aber auch trockenere Bodenverhältnisse. Trotz seiner Höhe sollte er an den vorderen Rand einer Rabatte gesetzt werden, damit seine hübsche Silhouette zur Geltung kommt.

DORONICUM columnae (syn. D. cordatum)

GEMSWURZ
H: 35 cm B: 20 cm
Die Gemswurz erhebt im Frühjahr ihre leuchtendgelben «Astern«-Blüten, die sich aus schmalen Blütenblättern zusammensetzen, über dunkelgrünen herzförmigen Blättern. Wenn sie nach der Blüte geteilt und wieder neu in einen frischen Gartenboden gepflanzt wird, breitet sie sich zu großen Matten aus. *D. plantagineum* 'Excelsium' ist eine kräftigere Pflanze, die im

Doronicum columnae *(Gemswurz)*

Frühling und Frühsommer große gelbe Blütenkörbchen auf verzweigten, ungefähr 75 cm langen Stengeln hervorbringt.

EUPHORBIA-SPEZIES

Wolfsmilch
H: 45 cm B: 60 cm
Unter den vielen Wolfsmilcharten ist *E. polychroma* (syn. *E. epithymoides)* eine der leuchtendsten. Im Frühjahr bringt sie einen Tuff leuchtendgelber Hochblätter hervor, die die unscheinbaren Blüten einrahmen, welche in der Farbe mit Narzissen, Forsythien und Gemswurz wetteifern. Ihre Farbe verblaßt allmählich, bis die Pflanze im Hochsommer nur noch einen großen, aber dekorativen Hügel graugrüner Blätter bildet. Es gibt auch eine bronzeblättrige Form.

E. griffithii wird sehr viel höher (H: 75 cm, B: 60 cm). Die im Frühjahr erscheinenden Rosetten aus leuchtendorangefarbenen Hochblättern wachsen an aufrechten Stielen heran.

Geum 'Borisii' *(Nelkenwurz)*

GERANIUM wallichianum

Storchschnabel
H: 40 cm B: 75 cm
Unter den vielen schönen Storchschnabelarten muß das *G. wallichianum* wegen seiner späten und langen Blütezeit besonders hervorgehoben werden. Schon früh im Jahr zeichnet es sich durch sein reizvolles, blaß graugrünes Laub mit dunklen Flecken an der Basis der Adern aus. Im Spätsommer, wenn die Blatthügel so üppig werden, daß sie überhängen, bringt die Pflanze kriechende Blütenstiele hervor. Sie paßt ausgezeichnet zwischen Rosen, spätblühende Schafgarbe und Johanniskraut.

GEUM-SPEZIES und -HYBRIDEN

Nelkenwurz
H: 30–45 cm B: 25 cm
Geum 'Borisii' (syn. *G. borisii x montanum)* eröffnet die Saison im Spätfrühling mit schlanken, verzweigten Blütenstielen, die mit kleinen, runden leuchtendorangefarbenen Blüten besetzt sind und sich über hübsche Rosetten aus gelappten, dunkelgrünen Blättern erheben. Zusammen mit der blasseren, kupferfarbenen *G.* 'Georgenberg' wirkt sie sehr eindrucksvoll. *G. chiloense* folgt im Frühsommer mit weniger, dafür aber größeren Blüten. 'Lady Stratheden' ist zartgelb und 'Mrs. Bradshaw' leuchtend orange-scharlachrot. Wenn man sie in einen nahrhaften Boden pflanzt und häufig teilt, blühen beide nach der ersten Hauptblüte bis in den Herbst hinein.

GYPSOPHILA paniculata

Schleierkraut
H: 1 m B: 1,20 m
Schleierkraut muß gestützt werden und gedeiht nur auf einem gut durchlässigen, alkalischen Boden. Wenn diese Bedingungen erfüllt werden, ist es eine langlebige Pflanze. Ihre grauen Stiele, die im späten Frühjahr erscheinen, eignen sich vorzüglich zum Verdecken der absterbenden Blätter von Orientalischem Mohn und frühen Zwiebelgewächsen. Das Schleierkraut blüht vom Hoch- bis zum Spätsommer.

HELENIUM autumnale

Sonnenbraut
H: 90 cm B: 60 cm
Diese bekannten Hybriden zwischen *H. autumnale* und eng verwandten Arten bringen im Spätsommer und Herbst leuchtende Farben in die Rabatte. »Astern«-Blüten mit großen Blütenblättern bedecken die ganzen Pflanzen, und die Farben reichen von Dunkelgelb über verschiedene Kupfertöne bis hin zu einem dunklen Kastanienbraun. Blütenblätter und Blätter verwelken leicht auf trockenen Böden; ansonsten sind die Pflanzen ausgesprochen anspruchslos. Es empfiehlt sich die Gesellschaft von Fackellilien, hohen Gräsern oder kupferblättrigen Sträuchern, damit sie nicht monoton wirken.

HELLEBORUS orientalis

Nieswurz
H: 30 cm B: 60 cm
Zu den schönsten Winterblühern gehört die Nieswurz. Ihre Farbpalette reicht von einem grünlichen Weiß über Hell- und

Dunkelrosa mit kräftigen kastanienbraunen Flecken bis hin zu dunklen Pflaumen-Purpurtönen, die mitunter fast schwarz sind.

Ihre Blütezeit reicht von der Mitte des Winters, wenn ihre kostbaren Blüten aus dem Boden sprießen und sich entfalten, bis zum Frühsommer, wenn die Blüten ihre Samen ausschütten. Die Nieswurz ist eine verläßliche immergrüne Pflanze, doch sollte man das alte Laub möglichst zu Beginn des Winters abschneiden.

Die Nieswurzarten sind winterhart und langlebig, insbesondere auf alkalischen Böden. Sie sehen bezaubernd in großen Gruppen unter winterblühenden Sträuchern aus.

HEMEROCALLIS-HYBRIDEN

TAGLILIEN
G: 45–120 cm H: 45–120 cm
Im frühen Frühjahr treibt das neue Laub der Taglilien noch vor den meisten anderen krautartigen Pflanzen aus dem nackten Boden hervor und bildet leuchtend gelbgrüne Fächer – so bilden sie einen perfekten Rahmen für viele frühlingsblühende Zwiebelgewächse. Die Blütezeit beginnt im späten Frühjahr mit der niedrigen *H. dumortieri* und erstreckt sich bis zum Herbst mit den hohen, schlanken Blüten der *H. multiflora*. Unzählige Hybriden blühen im Sommer in einer Farbpalette, die von blassem Zitronengelb, das fast wie Elfenbein aussieht, über dunklere Gelbtöne bis hin zu Orange und Dunkelrot reicht. Einige moderne Hybriden sind so schwer, daß sie sich in einem nassen Sommer nicht aufrecht halten können, aber viele von ihnen sind erstklassige Gartenpflanzen, die sich hervorragend dazu eignen, in großen Gärten das Unkraut zu ersticken. Die weiß panaschierte Form von *H. fulva* 'Flore Pelno' wirkt mit ihrem Frühlingslaub ausgesprochen dekorativ.

HOSTA-SPEZIES und -HYBRIDEN

FUNKIE
H: 60 cm B: 60 cm
Die Funkien, die in erster Linie als Blattpflanzen gezogen werden, haben zum Teil ausnehmend schöne Blüten. Am besten gedeihen sie auf feuchtem Boden im Halbschatten.

Hosta lancifolia hat schmale, dunkelgrüne Blätter und lila Blütenähren im Frühherbst und kann recht gut trockenen Boden vertragen. *H. sieboldiana* ist mit ihren großen, wächsernen Blättern die dekorativste von allen. *H. plantaginea* besitzt die schönsten Blüten – lange Ähren, die mit großen weißen Blüten besetzt sind und sich im Herbst über blaßgrün glänzenden Blättern erheben. Die verschiedenen Formen der *H. fortunei* verbinden Schönheit von Blüten und Laub miteinander.

IRIS x germanica

BARTIRIS
H: 90–120 cm B: 45 cm
Es gibt mehr als zweihundert Irisarten, von denen manche gut in sehr trockenen, sonnigen Lagen gedeihen und andere sich in flachem Wasser am wohlsten fühlen. Die Bartiris gedeiht am besten auf einem fruchtbaren, gut durchlässigen Boden.

Die Irisarten verfügen über eine außergewöhnlich große Farbpalette: Weiß, Hell- und Dunkelgelb, Rosa und Braun, Orange, Blau und Purpur, oft mit kontrastierenden Bärten oder in zweifarbigen Kombinationen. Die blauen Varietäten haben normalerweise einen süßen Duft.

Nach der Blüte werden die Pflanzen schnell unansehnlich, deshalb sollte man schlanke einjährige Pflanzen zwischen den Rhizomen aussäen, die im Spätsommer blühen, die Iris aber nicht zu stark beschatten, da sie sonst zu verfaulen drohen.

KNAUTIA macedonica

KNAUTIE
H: 60 cm B: 45 cm
Diese bezaubernde, wenig bekannte Pflanze gedeiht in einem gut durchlässigen Boden in der Sonne und bringt im Spätsommer nadelkissenartige Blüten in dunklem Karmesinrot hervor. Sie sieht entzückend zwischen purpurfarbenem oder grauem Laub aus und bildet einen schönen, warmen Kontrast zu blaßblauem Agapanthus.

LINKS: Helleborus orientalis *(Nieswurz)*
RECHTS: Knautia macedonica

KNIPHOFIA triangularis

FACKELLILIE

H: 75 cm B: 60 cm

Bei Fackellilien denkt man meist an große, etwas grobe Pflanzen mit dicken roten und gelben Blütenähren. Es gibt aber auch viele schlankere Typen, die aus *K. triangularis* und ihren nahen Verwandten entstanden sind. *K. nelsonii* hat glühend orangefarbene Blüten, die im Herbst aus einer grasartigen Laubfontäne emporragen. Ihr folgt dann *K. macowanii* mit etwas kleineren Blütenähren. Beide sehen wunderbar vor Ziegelmauern aus und bilden eine harmonische Gemeinschaft mit blauen Blumen. 'Little Maid', 'Modesta', 'Ice Queen' und 'Shining Sceptre' sind andere ausdrucksvolle Varietäten.

LIGULARIA dentata 'Desdemona'

KREUZKRAUT

H: 90 cm B: 75 cm

Mit ihren großen, runden Blättern an langen Stielen, die auf der Oberseite dunkelgrün und auf der Unterseite kastanien-purpurfarbig sind, ist das Kreuzkraut *L. dentata* 'Desdemona' eine eindrucksvolle Pflanze. Bei seinem ersten Erscheinen im Frühjahr sieht es mit roten, dunkelpurpurfarbenen oder cremeweißen Tulpen wunderbar aus. Im Hochsommer trägt es dann große Büschel dunkelgelber, etwas zerzauster »Astern«-Blüten. *L. przewalskii* 'The Rocket' mit kleineren, gezackten Blättern und schmalen, aufrechten, messingfarbenen Blütenähren bildet eine perfekte Gemeinschaft mit der rundlichen 'Desdemona'. Beide Arten benötigen einen guten feuchten Boden und Halbschatten.

LIMONIUM latifolium

MEERLAVENDEL, STRANDFLIEDER

H: 45 cm B: 45 cm

Der Meerlavendel, der in einem gut durchlässigen Boden in voller Sonne gedeiht, behält seine glänzenden, dunkelgrünen Blätter auch im Winter. Während des Sommers dehnen sich die Blattrosetten aus und eignen sich in kleinen Gruppen ausgezeichnet als Randbepflanzung einer Rabatte. Im Spätsommer ragen die Blütenähren an drahtigen Stielen empor und tragen Wolken winziger, lavendelblauer Blüten. Die Blütenähren knicken leicht am Stielansatz um und legen sich über die Nachbarpflanzen oder den Rabattenrand. Will man das verhindern, kann man den Stielansatz an einem kurzen Bambusstöckchen verankern. Meerlavendel sieht entzückend mit späten Diascien und Bartfaden aus oder in Verbindung mit graulaubigen Pflanzen.

Paeonia lactiflora *'Bowl of Beauty;* (Päonie)

Paeonia mlokosewitschii

OENOTHERA-SPEZIES

NACHTKERZEN

H: 25 cm B: 60 cm

Die farbenprächtigsten Nachtkerzen sind die Formen der *O. tetragona*, wie z. B. 'Fireworks', eine aufrechte Pflanze mit einer Krone aus roten Blütenknospen, die über einen langen Zeitraum immer neue dunkelgelbe Blüten hervorbringen. *O. missouriensis* ist eine kriechende Art, auf deren graugrünem Laub noch bis in den Herbst hinein eine große Menge zartgelber Blüten aus rotgefleckten Knospen erscheinen. Der Blütenteppich sieht herrlich aus vor kleinblütigem Fingerkraut, mit den purpurfarbigen Blütenähren der *Salvia farinacea* oder den blauen Blütenkugeln des Agapanthus.

PAEONIA-SPEZIES und -HYBRIDEN

PFINGSTROSEN

H: 60–120 cm B: 75–90 cm

Die Pfingstrosen, die zweifellos den üppigsten Schmuck der Blumenrabatte darstellen, blühen nur kurze Zeit. Aber wegen ihrer ausnehmend schönen karmesinrot-kastanienbraunen jungen Triebe, wegen ihrer atemberaubenden Blüten und ihrem bis zum Herbst ausdauernden ansehnlichen Laub sollte man die kurze Blütezeit in Kauf nehmen. Die Pflanzen selbst sind ausgesprochen langlebig.

P. lactiflora-Hybriden tragen an langen Stielen große, meist duftende, gefüllte oder einfache Blüten in Weiß, Hellrosa, Dunkelrosa oder dunklem Kastanienbraun. Sie müssen abgestützt werden, es sei denn, sie stehen an ganz geschützten Plätzen. *P. offi-*

cinalis bringt früher im Jahr an kürzeren kräftigen Stielen, die meist keine Stütze benötigen, riesige, gefüllte Blüten in leuchtendem Rot, ganz blassem Rosa oder Weiß hervor. Beide Arten bilden einen passenden Rahmen für frühblühende Zwiebelpflanzen, deren absterbendes Laub sie später überdecken. Außerdem bieten sie sich als gute Stütze für spätblühende Clematis an. Unter den vielen schönen Arten muß noch die blaßgelbe, ungefüllte *P. mlokosewitschii* erwähnt werden.

PAPAVER orientale

TÜRKENMOHN
H: 90 cm B: 90 cm
Mit seinen leuchtend orange- oder lachsfarbenen, weißen oder dunklen karmesinroten, großen, zerknitterten Blütenblättern, die an ihrer Basis schwarze Punkte tragen, ist der Türkenmohn eine hinreißende Blume für den Blumengarten im späten Frühjahr. Leider zieht er sich im Frühsommer ganz ein und hinterläßt in der Rabatte große Lücken. Dieser Fehler läßt sich beheben, indem man Fenchel oder Schleierkraut dazwischenpflanzt oder Dahlien oder andere nicht winterharte einjährige Pflanzen in die Lücken setzt.

PENSTEMON-HYBRIDEN

BARTFADEN
H: 45–90 cm B: 45 cm
P. heterophyllus hat blaugrünes Laub, das im Winter kastanienbraun getönt ist, und trägt kleine, lavendelblaue Blütenähren. 'Garnet', eine magenta-karmesinrote Züchtung, und 'Sour Grapes', eine feine Mischung aus Grün und Purpur, sind wertvolle Pflanzen zwischen alten Rosen und zusammen mit grauem Laub, während 'White Bedder', 'Apple Blossom', 'Evelyn', 'Schoenholzeri' und 'Alice Hindley' Farbtöne zwischen Weiß, Rosa, Rot und Violett besitzen. Sie alle brauchen einen gut durchlässigen Boden in voller Sonne. Nicht ganz winterharte Sorten lassen sich leicht als Wurzelstecklinge überwintern.

Papaver orientale *'Beauty of Livermere' (Mohn)*

PHLOX paniculata

PHLOX, FLAMMENBLUME
H: 90 cm B: 75 cm
Der Rabattenphlox bringt im Spätsommer und Herbst kuppelartige Blütenbüschel in Weiß, Rosa, Lavendel, Purpur, Rot und fast Orange hervor. Die Blüten haben einen starken Duft. Auf einem feuchten Boden blüht der Phlox üppig und über lange Zeit. Wenn die Blüten nach dem Verwelken sofort abgeschnitten werden, blüht er ein zweites Mal, bringt aber kleinere Blütenbüschel hervor. Der Phlox treibt früh im Jahr aus. Die meisten Varietäten haben blaßgrünes Laub, aber manche purpurfarbige Varietäten zeichnen sich durch dunkelbronzefarbenes Laub aus, das zusammen mit gelben oder weißen Krokussen und dunkelgelben Winterlingen *Eranthis x tubergenii* entzückend aussieht.

PRIMULA x polyanthus

GARTENPRIMEL
H: 25 cm B: 25 cm
Es gibt viele schöne Primelarten, z. B. die sehr früh blühende Kugelprimel *(P. denticulata)*, die leuchtendfarbige Etagenprimel, die so gut auf nassen Böden im Spätfrühling gedeiht, und die spätblühende, duftende *P. florindae. Primula x polyanthus* hat aber besondere Aufmerksamkeit der Pflanzenzüchter auf sich gezogen, und so sind viele schöne Sorten entstanden. Die sehr großblütigen Hybriden sind keine langlebigen Gartenpflanzen, deshalb eignen sie sich besser als Topfpflanzen. Die entzückenden Polyanthus-Hybriden, deren rote, blaue oder purpurfarbene Blüten einen feinen goldenen Rand tragen, sollten so gepflanzt werden, daß jede einzelne Blüte bewundert werden kann. Die Aristokraten der Polyanthus-Hybriden sind die 'Barnhaven'-Züchtungen. Die Primeln in einem dunkleren Rot haben bronzefarbenes Laub, sind immergrün und wegen ihrer frühzeitigen Blüte besonders wertvoll in der roten Rabatte.

LINKS: Primula florindae, P. cockburniana *(Primel)*
RECHTS: Salvia x superba *'East Friesland' (Salbei)*

SALVIA x superba

SALBEI
H: 45–75 cm B: 45 cm
Die verschiedenen Formen und Hybriden der *S. nemerosa* und *S. pratensis*, aus denen die *S. x superba* hervorgegangen ist, haben Blütenähren, die mit lavendelfarbenen Blüten in verschiedenen Schattierungen besetzt und von gleichfarbigen, ausdauernden Barkteen umgeben sind. 'May Night' ('Mainacht') ist der früheste Salbei; 'Lubeca', 'East Friesland' und 'Superba' werden höher und blühen bis zum Spätsommer. Die graugrünen Blätter harmonieren mit grauem oder purpurfarbenem Laub, mit Rosen und blaßgelber Schafgarbe.

SCABIOSA caucasica

SKABIOSE
H: 75 cm B: 45 cm
In einem leichten, aber fruchtbaren Boden, in voller Sonne und versorgt mit genügend Feuchtigkeit, können Skabiosen viele Jahre lang gedeihen und den ganzen Sommer über ihre blaßblauen oder weißen Blüten hervorbringen. Wenn die Standortbedingungen weniger günstig sind, leben sie kürzer und müssen häufig geteilt werden. Die geteilten Stücke müssen sorgfältig gedüngt werden. Die Skabiose harmoniert hervorragend mit blaßgelben Blumen, vermag dunkelrote Schemen aufzuhellen und neigt sich anmutig über graues Laub.

SIDALCEA malviflora

PRÄRIEMALVE

H: 90 cm B: 35 cm

Mit ihren Hügeln aus fein eingeschnittenen Blättern, aus denen im Sommer spitz zulaufende Blütenähren aufragen, die locker mit hell- oder dunkelrosa, oft hübsch geäderten Blüten besetzt sind, ähneln die Präriemalven kleinen Stockrosen. Besonders reizvoll sind sie in einem Meer von Katzenminze, die das Rosa ihrer Blüten unterstreicht; sie setzen aber auch hübsche Akzente zwischen alten Rosen oder zwergwüchsiger purpurfarbener Berberitze.

SOLIDAGO-HYBRIDEN

GOLDRUTE

H: 30–150 cm B: 30–75 cm

Meist assoziiert man mit Goldrute eine grobe, wuchernde Pflanze mit messinggelben Blüten, die sich schmutzig braun färben, sobald sie sich öffnen. Die modernen Varietäten aber bilden schöne Wurzelballen, haben strahlend- oder blaßgelbe Blüten und leben lange. 'Mimosa', die im Hochsommer blüht, ist die höchste und früheste unter mehreren guten Varietäten. 'Goldenmosa' blüht später und wird nicht so hoch. Noch niedriger und ganz blaßgelb ist 'Lemore', und *S. caesia* beendet die Saison mit ihren dunkelgelben Blüten. 'Golden Thumb' (syn. 'Queenie') und die etwas höherwerdende und früherblühende 'Crown of Rays' sorgen den ganzen Herbst über für Farbe. Alle Sorten blühen jahrelang ohne besondere Pflege, lassen sich aber leicht ausgraben und teilen, wenn sie zu groß und dicht werden.

THALICTRUM delavayi

WIESENRAUTE

H: 1,20 m B: 45 cm

Sie ist eine der elegantesten Stauden mit ihrem grauen Laub und ihren kleinen violetten Blüten in großen, duftigen Rispen. 'Hewitt's Double', bei der jede Blüte von einer kleinen Rosette eingerahmt wird, hat vielleicht noch mehr Charme. Ihre Blütenstengel müssen alle einzeln abgestützt werden.

Leider gedeiht diese schöne Pflanze nur an geschützten Plätzen in feuchten, nahrhaften, blattreichen Böden. An nicht so idealen Standorten ist *T. aquilegifolium* ein guter Ersatz. Wo auch diese Wiesenraute nicht wachsen will, gedeiht *T. speciosissimum* (syn. *T. flavum glaucum*). Auch sie hat graugrüne, aber kräftigere Blätter, und

ihre Blütenstände sind länger und zitronengelb. Sie gedeiht auf trockenen Böden und kann etwas Schatten vertragen.

VERONICA-SPEZIES

EHRENPREIS

H: 1,50 m B: 45 cm

V. virginica ist eine hohe, stattliche Pflanze, die völlig aufrecht steht und ihre weit auseinanderliegenden Blätter in der Waagerechten hält. Diese Art ist blaßblau, aber die dazugehörige weiße Form ist noch wirkungsvoller. Sie läßt sich gut in den Hintergrund einer Rabatte pflanzen, bringt aber in der Rabattenmitte ihre schöne Silhouette besser zur Geltung.

Es gibt viele andere reizvolle Ehrenpreis-Arten, angefangen von der frühlingsblühenden *V. gentianoides* mit blaßblauen Blütenähren bis hin zu *V. spicata*, die es in weißen und dunkelrosa Sorten gibt. *V. spicata incana* eignet sich vorzüglich als Randbepflanzung.

VIOLA cornuta

HORNVEILCHEN

H: 25 cm B: 35 cm

Dieses kleine Veilchen blüht im Frühsommer zuhauf. Es liebt feuchten Boden, klettert in Sträucher und überwächst kleinere, krautige Pflanzen. Es läßt sich aber gut unter Kontrolle halten, da man zu wüst gewachsene Triebe leicht ausreißen kann. Wenn man es nach der ersten Blüte zurückschneidet, wird es wieder kompakter und erfreut uns mit einer zweiten Blüte im Spätsommer.

Die Farbe variiert zwischen Dunkelviolett, blassem silbrigen Violett und Weiß. Alle Sorten eignen sich als Bodendecker zwischen Rosen oder Taglilien, Phlox und anderen krautigen Pflanzen, die dicke Horste bilden.

Viele alte Veilchen-Hybriden sind in jüngster Zeit wiederentdeckt worden. Sie benötigen guten Boden und müssen regelmäßig durch Stecklinge ersetzt werden.

LINKS: Veronica gentianoides *(Ehrenpreis)*
RECHTS: Viola-Hybride *(Veilchen)*

KLEINE STRÄUCHER (HALBSTRÄUCHER)

Die Sträucher nehmen in der Pflanzenwelt eine Position zwischen frostempfindlichen mehrjährigen Pflanzen, Stauden und Sträuchern ein. Sie sind widerstandsfähiger als frostempfindliche mehrjährige Pflanzen und überstehen an geschützten Plätzen oft mehrere Jahre. In sehr milden Klimaten können sie sich sogar zu recht großen, holzigen Sträuchern entwickeln. Der obere Teil der Pflanzen friert in starken Wintern oft zurück, was den Pflanzen normalerweise nicht schadet, da sie im nächsten Frühjahr wie die Stauden neu aus dem Boden austreiben. Sie lassen sich leicht durch bewurzelte Stecklinge ersetzen.

CALCEOLARLIA integrifolia

PANTOFFELBLUME
H: 45 cm B: 45 cm
Die leuchtend zitronengelbe Pantoffelblume mit ihren blaßgrünen, gekräuselten Blättern ist in warmen Gegenden nahezu winterhart und läßt sich in kalten Klimaten leicht in Form von Wurzelstecklingen überwintern. Im 19. Jahrhundert wurde sie in konzentrischen Ringen als Beetpflanze verwendet, zusammen mit purpurfarbenem Heliotrop und scharlachroten Salvien, und verlor an Beliebtheit. Dennoch bietet sie zwischen goldfarbenem Mutterkraut, weißen Petunien oder Löwenmäulchen und blauen Salvien einen erfrischenden Anblick.

CARYOPTERIS x clandonensis

BARTBLUME
H: 75 cm B: 75 cm
Die Bartblume, die auf einem gut durchlässigen Boden in voller Sonne gedeiht, trägt im Herbst an schlanken Zweigen, die mit langen, graugrünen Blättern besetzt sind, lockere blaue Blütenköpfe. In geschützten Gärten oder an einer sonnigen Mauer wird sie größer, als normalerweise angegeben wird. Sie wirkt dann aber kahl und schmächtig und sollte deshalb lieber zu Beginn des Frühlings kräftig zurückgeschnitten werden. 'Arthur Simmonds' und die dunklere 'Kew Blue' zählen zu den besten Varietäten.

Erysinum *'Bowles' Mauve' (Schöterich)*

CHEIRANTHUS- und ERYSIMUM-HYBRIDEN

MEHRJÄHRIGER GOLDLACK UND SCHÖTERICH
H: 15–45 cm B: 20–45 cm
C. cheiri 'Harpur Crewe' ist ein aufrechter, leuchtendgrüner Busch mit Ähren voll entzückender, gefüllter dunkelgelber und stark duftender Blüten. *E.* 'Moonlight' wird selten höher als 10 cm und hat ganz blaßgelbe Blüten. 'Rufus' ist niedrig und leuchtend orangefarben, während 'Bowles Mauve' zu einem großen, ausladenden Busch heranwächst, der fast den ganzen Sommer mit mauve-grauen Blüten bedeckt ist. *E. linifolium* 'Variegatum' hat Blüten in ähnlicher Farbe und leuchtendweiß panaschierte Blätter, und *E. mutabile* zeichnet sich durch langlebige Blütenähren in feinen lavendelgrauen Farbschattierungen aus, die sich beim Öffnen der Blüten verändern.

EUPATORIUM ligustrinum

WASSERDOST
H: 90 cm B: 60 cm
In geschützten Gärten entwickelt sich der Wasserdost zu einem Strauch von 1,5 m und mehr. In harten Wintern friert er leicht zurück, manchmal sogar bis zum Boden. Er wirkt aber viel eleganter, wenn er kräftig beschnitten wird, und sollte deshalb jedes Jahr durch Stecklinge vermehrt oder wie eine Staude bis auf den Boden zurückgeschnitten werden, damit er neu austreibt.

FUCHSIA-HYBRIDEN

FUCHSIE
H: 60–120 cm B: 75–120 cm
Viele Fuchsien sind ausgesprochen frostempfindlich, lassen sich aber leicht in Form von Wurzelstecklingen vermehren und im Sommer auspflanzen. Andere sind widerstandsfähiger, und manche wachsen an geschützten Plätzen sogar zu großen Sträuchern heran und müssen nur in harten Wintern zurückgeschnitten werden.

Unter den stärker frostempfindlichen Sorten haben 'Ting a Ling' (ganz weiß), 'Checkerboard' (schlank, rot und weiß), 'Marinka' (rot und purpurrot) und

'Chang' (ungewöhnlich sanft orangefarben) kleine, ungefüllte Blüten. 'Mrs Popple' (rundliche rote und purpurfarbene Blüten), 'Alice Hoffman' (rot und weiß) sind alle zuverlässig winterhart, und 'Riccartonii' (rot und purpurfarben) und *Fuchsia magellanica molinae,* eine blaßgrüne Pflanze mit zartrosa Blüten, wachsen zu überhängenden Sträuchern von 1,80 m Höhe heran. *F. m.* 'Versicolor', die etwas frostempfindlich ist, hat rauchgrau-rosafarbenes Laub.

PEROVSKIA atriplicifolia

PEROVSKIA

H: 1,20 m B: 45 cm

Die Perovskia ist eine steife, aufrecht wachsende Pflanze, die im Herbst schmale, dunkelviolette Blütenähren trägt. Die silbergrauen Blätter und Zweige bilden einen schönen Rahmen für Blumen. Die graue Farbe hält sich den ganzen Winter über an den blattlosen Zweigen. Die Pflanze sollte fast bis zum Boden zurückgeschnitten werden, damit sie im Frühjahr neue Triebe bildet.

PHYGELIUS aequalis, P. capensis

PHYGELIUS

H: 60–120 cm B: 75 cm

Phygelius aequalis, eine niedrige, ausladende Pflanze mit einer Fülle sommer- und oft herbstblühender Blütenähren, besetzt mit röhrenförmigen, lachsfarbenen Blüten, sollte im Winter bis zum Boden zurückgeschnitten werden. Eine blaßgelbe Form, die immer beliebter wird, läßt sich gut in große Töpfe oder in Rabatten mit gut drainiertem Boden pflanzen. *P. capensis* ist winterhärter und wächst aufrechter. Oft verholzt er an der Basis und bringt lockere, dunkelorangefarbene Blütenrispen hervor. An einer Mauer gezogen, erreicht er eine Höhe von 2–3 m.

ROMNEYA x hybrida

KALIFORNISCHER BAUMMOHN

H: 1,50 m B: 1,80 m

In einem milden Klima wächst dieser Baummohn zu einem sehr großen Strauch heran, aber in kühleren Klimaten friert er meist bis zum Boden zurück, um dann im Frühjahr neue kräftige Stiele hervorzubringen, die mit stark gezähnten, blaugrauen Blättern besetzt sind. Im Spätsommer und Herbst erscheinen riesige weiße Blüten, die in der Mitte einen stecknadelkissenartigen Boden mit goldenen Staubblättern haben. Der Baummohn sollte möglichst in Töpfen gezogen und dann erst ausgepflanzt werden.

Fuchsia triphylla *'Gartenmeister Bonnstadt' (Fuchsie)*

SALVIA officinalis

SALBEI

H: 45 cm B: 45 cm

Der Küchensalbei ist wegen seiner weichen aromatischen Blätter und seine purpurfarbenen Blütenähren im Spätsommer eine wertvolle Pflanze. Er ist nicht langlebig, selbst wenn man ihn in einen nährstoffarmen, trockenen Boden setzt, wo er am besten gedeiht. Deshalb sollte man ihn im Frühjahr kräftig zurückschneiden und häufig durch junge Pflanzen ersetzen, die sich leicht aus Stecklingen ziehen lassen.

Der gewöhnliche Salbei hat Blätter in einem gedämpften Graugrün, das sich ausgezeichnet als Hintergrund für alle Blumenfarben eignet. Purpurfarbener Salbei (*S. o.* 'Purpurascens') und bildet eine hübsche Gemeinschaft mit roten und purpurfarbenen Blüten. *S. o.* 'Icterina' hat leuchtendgelb panaschierte Blätter und ist gleichermaßen wertvoll im Winter als Hintergrund für Winterlinge und frühe Narzissen und im Sommer als Rahmen für Pantoffelblumen und gelbe Löwenmäulchen. *S. o.* 'Tricolor' hat creme- und rosafarben geflammte, purpurne Blätter. Leider ist er keine starkwüchsige Varietät, doch sollte er jedes Jahr durch Stecklinge ersetzt werden, da er als junge Pflanze ausgezeichnet mit *Berberis thunbergii* 'Rose Glow', Raute und anderen graulaubigen Pflanzen harmoniert.

ROSEN

Die Rose ist heute vielseitiger als je zuvor – sie reicht von der Zwergrose für den Innenhof bis hin zu Kletterrosen, die große Bäume überwachsen, und von niedrigen Bodendeckern bis hin zu großen Sträuchern. Dazwischen gibt es noch die farbenprächtigen, üppigen und meist duftenden Buschrosen.

Viele Menschen meinen, Rosen müßten isoliert in besonderen Rosengärten gepflanzt werden, obgleich auch sie zugeben müssen, daß Rosen noch an Schönheit gewinnen, wenn sie von anderen Pflanzen wie Steinbrech *(Saxifraga urbium)*, Nelken oder Veilchen eingerahmt werden. Dann ist der Weg nicht mehr weit, die Unterpflanzung zu variieren und schließlich die Rosen in eine gemischte Rabatte einzufügen, wo ihre Blüten zur Geltung kommen können und ihre oft plump wirkenden Zweige verdeckt werden. Vor allem bei einmal blühenden Strauchrosen ist es sinnvoll, sie mit anderen Blumen zusammenzufügen, wobei man das oft reizvolle Laub der Rosen als Hintergrund für krautige Pflanzen und sommerblühende Zwiebelgewächse verwendet.

Wildrosen

Die Wildrosen mit ihren entzückenden, ungefüllten Blüten sind wenig bekannt. Doch gibt es unter ihnen eine Menge ausgesprochen schöner Pflanzen.

Rosa chinensis 'Mutabilis' (H: 1,50 m; B: 1,50 m), eine ungefüllte Chinarose, bringt immer wieder duftende Blüten hervor, die sich aus orangefarbenen Knospen entfalten, zu Büffelgelb verblassen und einen kupfrigen Rosaton annehmen, wenn sie verblühen. Sie ist empfindlich, leidet unter kaltem Wetter, erreicht aber an einer warmen Mauer eine Höhe von 6 m oder mehr und zeichnet sich durch einen üppigen Blütenflor aus.

Rosa gallica *'Versicolor'*
(Essigrose)

Rosa fedtschenkoana (H: 2,50 m; B: 3 m) ist ein starkwüchsiger Strauch mit kräftigen Dornen. Mit seinen überhängenden Zweigen, die mit blaßgrauem Laub bedeckt sind, und seinen großen, ungefüllten weißen Blüten paßt er aber in einen größeren graulaubigen Garten.

Rosa glauca (H: 2 m; B: 2 m), die als *R. rubrifolia* noch bekannter ist, wird vor allem wegen ihrer blaßgrau-blauen Blätter an überhängenden kastanienbraunen Zweigen gern gepflanzt.

Rosa hugonis (H: 2 m; B: 2 m) ist mit ihrem sehr fein texturierten Laub an dunkelkastanienbraunen Zweigen, die sich im Frühsommer mit Kaskaden blaßgelber, schalenförmiger Blüten, gefolgt von dunklen rotbraunen Hagebutten bekränzen, ein Musterbeispiel für Eleganz und Charme.

Rosa moyesii 'Geranium' (H: 3 m; B: 2,50 m) hat einen steifen, aufrechten Wuchs und trägt kleine Blätter und leuchtendscharlachrote Blüten. Ihre Hauptattraktion sind aber ihre langen leuchtendscharlachroten Hagebutten, die den Blüten folgen und den Strauch bis in den Winter hinein schmücken.

Alte Strauchrosen

In den letzten Jahrzehnten hat das Interesse an alten Strauchrosen wegen ihrer gefüllten Blüten, ihres wunderbaren Duftes und wegen ihres kräftigen, gesunden Wuchses stark zugenommen.

'Alba Maxima' (H: 2 m; B: 2 m) ist ein kräftiger Strauch mit riesigen Büscheln aus stark duftenden, flachen, reizvoll geviertelten Blüten, die im Hochsommer erscheinen. Die Blüten sind weiß, und die Blätter sind wie bei anderen 'Alba'-Rosen groß und blaßgrün.

'Cécile Brunner' (H: 1 m), 'Bloomfield Abundance' (H: 2 m) und 'Climbing Cécile Brunner' (H: 6 m) sind drei bezaubernde Rosen von ganz unterschiedlicher Größe, die nahezu identische Blüten haben. Diese Blüten sind winzig, wohlgeformt und süß duftend und entfalten sich den ganzen Sommer über aus spitzen, blaßrosa Blütenknospen an schlanken Ästen.

Rosa rugosa *'Frau Dagmar Hastrup' (Kartoffelrose)*

'Charles de Mills' (H: 1,50 m; B: 2 m) ist eine Gallicarose, die im Hochsommer an kräftigen, überhängenden Zweigen eine Fülle sehr flacher, dunkelkarmesinroter und stark duftender Blüten hervorbringt. Diese verblassen allmählich zu einem Magenta-Purpurrot und harmonieren wunderbar mit Fingerhut und Storchschnabel.

R. gallica 'Versicolor' (H: 1 m; B: 1 m) könnte genausogut bei den Wildrosen aufgeführt werden, scheint aber mit ihren gefüllten blaßrosa Blüten mit unregelmäßigen dunkelroten Streifen besser zu den alten Hybriden zu passen. Die *Rosa gallica*, die mindestens drei Jahrhunderte in den Gärten als *Rosa mundi* bekannt war, ist ein kräftiger, niedriger, stacheliger Strauch, der im Hochsommer üppig blüht.

Rosa-rugosa-Hybriden
(H: 2 m; B: 2 m)
Die schöne, wertvolle *Rosa rugosa* hat leuchtendgrünes, stark gekräuseltes Laub und bringt an einem triebreichen und stark bestachelten Strauch eine Fülle großer, ungefüllter, kräftig magentaroter und stark duftender Blüten hervor. Die Blüten werden von großen, scharlachroten Hagebutten abgelöst, die reich an Vitamin C sind, und die Blätter färben sich gelb, bevor sie abfallen. Diese Rosenart gedeiht besonders gut auf sauren Böden, gibt sich aber auch mit schwereren alkalischen oder kalkhaltigen Böden zufrieden, wenn sie gut gepflegt sind. Von der *Rosa rugosa* gibt es eine Menge noch schönerer Varietäten, von denen viele sogar den ganzen Sommer über blühen.

'Agnes' ist außergewöhnlich, da sie große, gefüllte, blaßgelbe Blüten trägt – ein Charakteristikum, das sie von ihrer Verwandten *R. foetida* geerbt hat.

'Blanc Double de Coubert' zeichnet sich durch gefüllte Blüten in reinem Weiß aus, das sich aber leider braun färbt, wenn die Blüten altern.

'Frau Dagmar Hastrup' wird nur 1 m hoch und trägt Büschel aus ungefüllten Blüten in reinem, zartem Rosa, das sich nur schlecht mit den während der Blütezeit erscheinenden Hagebutten verträgt.

Rosa *'Penelope'*

Rosa *'Constance Spry'*

'Hunter' ist eine Kreuzung zwischen einer *Rosa rugosa* und einer Teehybride. Ihre Blüten sind kräftig dunkelrot, aber ihre Starkwüchsigkeit, ihren Duft und ihr Laub hat sie von der *Rosa rugosa*.

'Roseraie de l'Hay' bringt bis in den Herbst eine Fülle kräftig magenta-karmesinroter Blüten hervor.

Rosa rugosa 'Alba' hat reinweiße, ungefüllte Blüten, die sich aus schwach rosagetönten Knospen entfalten und von großen Hagebutten abgelöst werden.

'Sarah van Fleet' wird höher als die meisten Rosen. Sie kann 3 m erreichen und trägt über lange Zeit ungefüllte, silbrigrosafarbene Blüten. Im Gegensatz zu den anderen Rugasa-Rosen hat sie einen steifen, aufrechten Wuchs und wird an den unteren Zweigen schnell kahl, weshalb sich eine Unterpflanzung empfiehlt.

Moderne Strauchrosen

Die modernen Strauchrosen sind eine vielfältige Gruppe, die an reizvollen Büschen die ganze Saison über schöne Blüten hervorbringen.

'Buff Beauty' mit riesigen Büscheln aus blaßgelben Blüten und bronzefarbenem Laub und 'Penelope' mit lockeren, ganz hellrosafarbenen Blütenbüscheln sind *Rosa-moschata*-Hybriden – Wegbereiter der modernen Strauchrosen. Beide entfalten sich zu großen Pflanzen von 2 m Höhe und Breite und schmücken sich im Hochsommer mit duftenden Blüten; sie können aber, falls notwendig, leicht beschnitten werden.

'Chianti' (dunkles Karmesinpurpurrot), 'Constance Spry' (reines Rosa), 'Charles Austin' (Aprikose) und 'Graham Stuart Thomas' (Buttergelb) sind englische Rosen. Die beiden erstgenannten Rosen, die zu sehr großen Stäuchern heranwachsen, blühen nur einmal im Jahr, haben aber herrliche Blüten. Die anderen werden nur 1 m hoch und breit, blühen mehrmals im Jahr und haben die bestechende Form und den wunderbaren Duft alter Rosen.

'Altissimo' (leuchtend karmesinrot), 'Golden Wings' (blaßgelb und schönes graugrünes Laub), 'Nevada' (cremeweiß) und 'White Wings' (weiß mit roten Staubfäden) haben große, ungefüllte Blüten ('Altissimo' hat sogar sehr große Blüten) und bezaubern durch aufrechten Wuchs und überhängende Zweige. 'White Wings' ist nicht so starkwüchsig wie die anderen, aber es lohnt sich, an ihr festzuhalten.

'Lavender Lassie' und 'Magenta' sind halbhohe Sträucher von 1,50 m Höhe und Breite. Sie tragen große Blütenbüschel in faszinierenden Farbtönen – von Lavendel über Rosa und Grau bis hin zu Magentarot. Sie sind bei Blumenbindern besonders beliebt und sehen entzückend mit büffelgelben und mauvefarbenen Blüten aus, z. B. mit Goldlack, Bartfaden und Phlox.

Kletterrosen

Die Kletterrosen lassen sich in drei Hauptgruppen unterteilen.

Die kletternden Arten von Teehybriden und Floribundarosen sind im wesentlichen sehr lange, dünne Rosenbüsche, die meist nur an der Spitze blühen, wenn sie nicht sorgfältig beschnitten werden. Viele duften und blühen nach der Hauptblüte im Hoch-

RECHTS: Rosa *'Sympathie'*

Rosa *'Swan Lake'*

sommer ein zweites Mal. Zu den besten zählen 'Paul's Lemon Pillar' (Zitronengelb, das zu Weiß verblaßt), 'Gloire de Dijon' (büffelgelb, winterhart und ausdauernd), 'Zéphirine Drouhin' (dunkelrosa, stark duftend und stachellos) und 'Climbing Etoile de Hollande' (duftend, dunkelkarmesinrot).

Die zweite Gruppe sind die modernen Kletterrosen. Ihr Vorteil besteht darin, daß sie einen kompakteren Wuchs haben und mehrmals im Jahr blühen. Es sind ausgesprochen große Sträucher (ideal für den Hintergrund einer Rabatte), die an Pfeilern und anderen Stützen befestigt oder über Pergolen (wenn sie nicht zu breit sind) gezogen werden können. Zu dieser Gruppe gehören 'Swan Lake' (weiß), 'New Dawn' (ein sehr altes, silbriges Rosa), 'Sympathie' (dunkelkarmesinrot), 'Golden Showers' (besonders üppig blühend und gut für schattige Mauern geeignet) und 'School Girl' (apricot-orangefarben).

Die rankenden Rosen sind ausgesprochen starkwüchsige Pflanzen, die oft eine Höhe von 10 m und mehr erreichen. Sie können über große Pergolen und an Mauern und Zäunen gezogen werden und in große Bäume hineinwachsen. Wenn sie beschnitten und auf diese Weise im Zaum gehalten werden, bringen sie sogar in einem kleinen Garten eine wahre Fülle von Blüten hervor, und ihr fehlender Blütenflor gegen Ende der Saison läßt sich durch eine spätblühende Clematis kompensieren. Zu diesen Rosen gehören 'Wedding Day' (riesige Blütenbüschel in Büffelgelb, das allmählich weiß wird), 'Easlea's Golden Rambler' (buttergelb), 'Adelaide d'Orléans' (hängende blaßrosa Blütenzweige), 'Paul's Scarlet Climber' (leuchtend scharlachrot) und 'Veilchenblau' (eine Rose mit magentaroten Knospen, die zu einem violetten Grau verblassen).

Teehybriden und Floribundarosen

Die Teehybriden wurden in erster Linie für Ausstellungen und als Schnittblumen gezüchtet. Sie tragen an jedem Stiel eine große, zusammengerollte Knospe, die sich zu einer großen karmesinroten, rosafarbenen, weißen oder goldgelben Blüte entfaltet. Unterhalb dieser Blüte sitzt noch eine kleine Anzahl kleinerer Blüten. Aus der Kreuzung von Teerosen und zwergwüchsigen Polyantharosen, die an jedem Stiel riesige Büschel kleiner, mopartiger Blüten tragen, gingen die Floribundarosen hervor, deren Blütenbüschel nicht so viele Blüten aufweisen. Die Verbindung dieser Rosenarten ist inzwischen so perfekt, daß man nur schwer zwischen Teehybriden und Floribundarosen unterscheiden kann. Teehybriden und Floribundarosen, die über eine breite Farbpalette verfügen, zeichnen sich durch einen üppigen Blütenflor, etwas Duft und ein gesundes, krankheitsresistentes Laub aus.

Besonders schöne Teehybriden sind 'Alec's Red' (dunkelkarmesinrot), 'Blessings' (blasses Lachsrosa), 'Tynwald' (elfenbeinweiß), 'Elizabeth Harkness' (ganz blasses Büffelgelb), 'Whisky Mac' (kupfriges Orange, stark duftend) und 'King's Ransom' (dunkelgelb).

Zu den Floribundarosen gehören folgende schöne Sorten in den unterschiedlichsten Farben: 'Europeana' (kräftiges, dunkles Karmesinrot und bronzefarbenes Laub), 'Dearest' (lachsrosa), 'English Miss' (ganz blaßrosa), 'Iceberg' (weiß, im Verblühen rosa, sehr starkwüchsig), 'Chanelle' (blasses Büffelgelb-Rosa), 'Apricot-Nectar' (wunderbares blasses Kupferrosa), 'Glenfiddich' (dunkles Kupferorange und stark duftend), 'Korresia' (leuchtendes reines Gelb), 'Lavender Pinocchio' (magentarot-grau) und 'Café' (eine faszinierende Mischung aus Pfirsich und Braun).

BLÜHENDE STRÄUCHER

Sträucher sollen in erster Linie helfen, den Garten zu strukturieren. Im folgenden Kapitel werden Sträucher vorgestellt, die aufgrund ihrer üppigen, schönen und vielleicht duftenden Blüten sowohl für den Blumengarten als auch für den größeren Landschaftsgarten geeignet sind. Die meisten von ihnen haben auch schönes Laub, und viele bieten sich als Stütze für schlankere Kletterpflanzen an.

Abutilon vitifolium album

ABELIA x grandiflora

ABELIE
H: 1,20 m B: 1,20 m
Die Abelie ist ein kleiner, dichter halbimmergrüner Strauch mit spitzen, dunkelgrünen Blättern, die im Herbst und Winter einen Bronzeton annehmen. Vom Spätsommer bis zu den Herbstfrösten trägt sie unzählige Büschel röhrenförmiger, rosafarbener Blüten. Die bräunlich-rosafarbenen Blütenkelche bleiben an den Zweigen, nachdem die Blüten abgefallen sind. Die Abelie benötigt volle Sonne und einen gut durchlässigen Boden; in harten Wintern kann sie Frostschäden erleiden.

Sie harmoniert wunderbar mit bronzepurpurfarbenem Laub, mit blaßrosa Rosen, purpurfarbenen Fuchsien und blauem Enzian *(Gentiana asclepiadea)* oder Agapanthus.

ABUTILON vitifolium

ABUTILON
H: 2,50 m B: 2 m
A. vitifolium, ein hoher, aufrechter Strauch mit dicht behaarten, graugrünen Blättern, bringt den ganzen Sommer über eine Fülle großer lavendelfarbener Blüten hervor. Es gibt auch eine weißblühende Form. Obgleich er nur an geschützten Plätzen in gut drainiertem Boden gedeiht, wächst er schnell und läßt sich leicht ersetzen, wenn er in einem harten Winter erfriert.

Mit seinem grauen Laub Blüten bildet er eine harmonische Gemeinschaft mit gelben und büffelgelben Blüten.

AMELANCHIER lamarckii

FELSENBIRNE
H: 3 m B: 1,50 m
Obwohl die Felsenbirne ein kleiner Baum ist, braucht sie einige Jahre, um ihre volle Höhe zu erreichen, und kann durch Beschneiden auch kleiner gehalten werden. Was ihren Namen anbetrifft, gibt es einige Verwirrung, denn es sind verschiedene Pflanzen unter den Namen *A. canadensis, x grandiflora, laevis* und *lamarckii* erhältlich. Kaufen Sie im Frühjahr eine im Container gezogene, blühende Felsenbirne und wählen Sie die Pflanze mit durchscheinenden, bronzefarbenen Blättern und langen, lockeren Blütentrauben in sanftem Weiß aus.

Die Felsenbirne sieht besonders schön mit weißen Narzissen, Vergißmeinnicht und anderen zarten Frühlingsblühern aus und eignet sich während des Sommers gut als Hintergrundpflanze. Sie ist winterhart, gedeiht in feuchten, torfhaltigen Böden, toleriert aber auch alkalische Böden, wenn sie nicht zu trocken sind.

BUDDLEJA-SPEZIES

SCHMETTERLINGSSTRAUCH
H: 2 m B: 1,5 m
Der bekannteste Schmetterlingsstrauch ist *B. davidii* mit langen Ähren purpurfarbener, violetter, rosafarbener, roter oder weißer Blüten. *B. fallowiana* ist mit seinem grauen Laub und seinen blaßvioletten Blütenähren ein kleinerer, eleganterer Strauch. Viel weniger bekannt ist die entzückende *B. x weyeriana* mit ihren spitz zulaufenden Büscheln aus rosagetönten Knospen. Der Schmetterlingsstrauch blüht am neuen Holz und sollte deshalb im Frühjahr fast bis zum Boden heruntergeschnitten werden.

Buddleja alternifolia wirkt mehr wie eine kleine Trauerweide und kann als Hochstamm gezogen werden. Er wächst schnell zu einem großen silbernen Laubhügel von 6 m Durchmesser heran und trägt im Sommer über die ganze Länge seiner Zweige kleine lavendelfarbene Blütenbüschel. Man sollte ihn am besten nach der Blüte zurückschneiden.

CEANOTHUS-SPEZIES und -HYBRIDEN

Säckelblume

H: 1–3 m B: 1–3 m

C. impressus trägt seinen Namen aufgrund seiner geäderten, kleinen immergrünen Blätter, könnte aber auch genauso wegen seiner eindrucksvollen dunkelblauen Blüten, die die Pflanze im späten Frühjahr bedecken, so genannt werden. Da die Säkkelblume nicht zuverlässig winterhart ist, wird sie an einer Mauer gezogen. Man kann sie auch zu einem großen freistehenden Laubhügel heranziehen.

C. 'Autumnal Blue', der auch am besten an einer Mauer gezogen wird, schafft eine vergleichbare Wirkung mit etwas lockereren Blütenbüscheln, die im Spätsommer und Herbst erscheinen.

C. x delinianus umfaßt eine Reihe reizender Halbsträucher mit kleinen, gefiederten Blütenrispen. Zu den besten zählen 'Marie Simon' mit blaßrosa Blüten im Frühsommer und roten Zweigen im Winter, 'Indigo' mit kräftig purpurblauen Blüten und 'Gloire de Versailles', eine höhere Pflanze mit pudrig blauen Blüten.

CHAENOMELES x superba

Zierquitte

H: 1 m B: 2 m

Die Zierquitte hat glänzende, dunkelgrüne Blätter im Sommer und trägt gegen Ende des Winters farbenprächtige Blütenbänder an nackten Zweigen. Die leuchtendste Zierquitte ist 'Knap Hill Scarlet'. Die verschiedenen Varietäten gedeihen in der Sonne und im Schatten und können flach an einer Mauer gezogen werden, oder man kann sie auch wie einen freiwachsenden, überhängenden Mauerstrauch ziehen.

Choenomeles x superba *(Zierquitte)*

CHOISYA ternata

Orangenblume
H: 1,20 m B: 2 m
Dieser entzückende Strauch bildet einen breiten Hügel aus glänzenden, blaßgrünen, ausdauernden Blättern und schmückt sich im Spätfrühling/Frühsommer und oft sogar noch einmal im Herbst mit süß duftenden, weißen Blütenbüscheln. Da er nicht absolut winterhart ist, meint man, er sei nur für sonnige Mauern geeignet. Er gedeiht aber auch an einer schattigen Mauer, wenn er dort geschützt steht. Sein Laub hat einen unangenehmen Geruch, deshalb sollte man ihn nur dorthin pflanzen, wo er nicht berührt wird. 'Sundance' ist eine neue Varietät mit leuchtend goldgelbem Laub.

CISTUS x corbariensis

Zistrose
H: 50 cm B: 1,20 m
Die Zistrosen reichen von großen Sträuchern bis hin zu niedrigen Bodendeckern. *C. x corbariensis* ist eine der winterhärtesten Pflanzen. Sie wächst zu einem ausladenden, salbeigrünen Laubhügel heran, der im Winter einen dunklen Purpurton annimmt. Im Sommer ist sie mit Blüten von 2,5 cm Durchmesser bedeckt, die aus karmesinroten Knospen hervorsprießen und hübsch gekräuselte weiße Blütenblätter tragen. Obgleich jede Blüte nur einen Tag lang blüht, ist die Zistrose eine wunderbare Pflanze, die gut in trockenen Böden gedeiht und locker über den Rabattenrand quillt.

CORONILLA glauca

Kronwicke
H: 75 cm B: 75 cm
Die Kronwicke wächst in gut durchlässigem Boden und an einem sonnigen Standort zu einem niedrigen immergrünen Laubhügel heran, der blaugrüne Blätter trägt und sich mit einer Fülle süßlich duftender, dunkelgelber Blüten schmückt. Sie ist keine langlebige Pflanze. Sie kann beschnitten werden, wenn sie zu wuchern beginnt, und man kann sie auch neu aus Samen ziehen. Reizend sieht sie zusammen mit *Clematis macropetala* aus.

CYTISUS battandieri

Geissklee
H: 2,5 m B: 2 m
Dieser hohe, elegante Strauch ist mit seidigen silbernen Blättern bedeckt, und im Hochsommer trägt er an jedem Seitenzweig einen ananasförmigen und nach Ananas duftenden, sattgelben Blütenbüschel. Er wird oft als Mauerstrauch gezogen, da er im Schutz sonniger Mauern besonders gut gedeiht, aber er kann auch zu einem großen, freistehenden Strauch mit überhängenden Zweigen heranwachsen. Der Versuchung, an der Mauer gezogene Pflanzen im Frühjahr zu beschneiden, sollte man widerstehen, da man dabei leicht zuviel blühendes Holz entfernt. Statt dessen ist es ratsam, die abgeblühten Triebe bis an die Ansatzstelle der jungen Triebe zurückzuschneiden.

DAPHNE-SPEZIES

Seidelbast
H: 60–90 cm B: 90 cm
Daphne x burkwoodii ist ein aufrecht wachsender halbimmergrüner Strauch mit

Choisya ternata *(Orangenblume)*

graugrünen Blättern, der im Frühsommer duftende blaßrosa Blüten trägt. Er wächst schnell und wird oft höher als normalerweise angegeben wird.

D. mezereum trägt an aufrecht wachsenden, blattlosen Zweigen im Spätwinter und frühen Frühjahr seine süß duftenden, purpur-rosafarbenen Blüten, die von scharlachroten Beeren zwischen graugrünem Laub abgelöst werden. Die weiße Sorte *D. m.* 'Alba' trägt gelbe Beeren.

D. odora 'Aureomarginata' ist ein niedriger immergrüner Strauch mit glänzenden, gelbgrünen Blättern mit breiten cremefarbenen Rändern und kleinen, intensiv duftenden purpurfarbenen Blüten. Diese panaschierte Form ist winterhärter als die Spezies selbst.

HAMAMELIS mollis

ZAUBERNUSS

H: 2 m B: 2 m

Die niedrigwachsende Chinesische Zaubernuß wird mitunter höher, als normalerweise angegeben wird. Man kann aber ihre unteren Zweige entfernen, um sie auf diese Weise in einen ausladenden kleinen Baum zu verwandeln.

Sie gehört mit ihren dunklen Zweigen, die mindestens zwei Monate lang im Spätwinter mit spinnenartigen Blütenblättern ausgestattete, duftende gelbe Blüten tragen, zu den schönsten winterblühenden Pflanzen. Die Zaubernuß bietet einen wunderbaren Anblick, wenn sie geschickt mit Schneeglöckchen und Winterlingen unterpflanzt ist.

Hamamelis mollis *(Zaubernuß)*

HEBE hulkeana

HEBE

H: 75 cm B: 1 m

Die Blüten der Hebe sind meist weniger interessant als ihre immergrünen Blätter, aber *H. hulkeana* ist ein Strauch mit außergewöhnlich schönen Blüten. Er zeichnet sich durch einen uncharakteristischen lokkeren Wuchs aus, und im Frühsommer endet jeder Zweig in einer langen üppigen Blütenrispe voll kleiner blaßlavendelfarbener Blüten, so daß die ganze Pflanze mit einem Blütenschaum bedeckt ist. Die Hebe hat die Eigenschaft, sich elegant über den Rand einer Rabatte zu neigen, aber sie läßt sich auch gern an einer Mauer ziehen, wo sie in milden Klimaten eine Höhe von 1,80 m und mehr erreichen kann.

HIBISCUS syriacus

EIBISCH

H: 2 m B: 1,50 m

Diese aufrechte, nur spärlich verzweigte Pflanze hat hübsche graugrüne Blätter. Obgleich sie absolut winterhart ist, bringt sie nur nach einem heißen Sommer eine üppige Herbstblüte hervor und öffnet ihre Blüten nur an sonnigen Tagen. In gemäßigten Klimazonen benötigt sie einen geschützten Standort.

Wenn man den Eibisch günstigen Bedingungen aussetzt, bringt er in den Herbstmonaten gefüllte oder ungefüllte Blüten in Rot, Rosa, Purpur, Blau oder Weiß hervor. In der Form bildet er einen Kontrast zu den gewöhnlicheren Sträuchern wie Schmetterlingsstrauch und Bartblume und zu anderen herbstblühenden Sträuchern; in der Farbe aber harmoniert er vortrefflich mit ihnen. Er gedeiht in nahrhaftem Boden.

HYDRANGEA paniculata, H. serrata 'Preziosa'

HORTENSIE

H: 2 m B: 1,50 m

H. paniculata hat einen aufrechten Wuchs und trägt im Spätsommer oder Herbst spitz zulaufende, weiße Blütenpyramiden, die sich im Verblühen rosa färben. Sie sollte im Frühjahr vor dem Blattaustrieb fast bis zum Boden zurückgeschnitten werden, und wenn man sie in feuchten, nahrhaften Boden pflanzt, bringt sie jedes Jahr 2 m lange oder noch längere Triebe hervor, die von langen Blütenrispen gekrönt werden. Bei *H. p.* 'Grandiflora' wirken die riesigen Blütenrispen, die sich vollständig aus großen, sterilen Blütchen zusammensetzen, geradezu aufsehenerregend, aber zugleich etwas grob und schwerfällig. *H. p.* 'Tardiva' dagegen mit ihren sterilen Blütchen, die unregelmäßig zwischen kleiner fruchtbaren Blütchen sitzen, ist ein unbestreitbar schöner Strauch.

H. serrata 'Preziosa' (H: 90 cm; B: 75 cm) ist ein kleiner, aufrechter Strauch mit kugelförmigen Blüten. Die Blätter sind purpurfarben getönt, wenn sie noch jung sind, und die Blüten färben sich zu rötlichem Purpur, sobald der Herbst naht.

HYPERICUM 'Hidcote'

JOHANNISKRAUT
H: 1,20 m B: 1,20 m
Das Johanniskraut, das zu den am längsten blühenden Sträuchern zählt, bringt bis in den Spätherbst an halbimmergrünen hügelartigen Sträuchern, bedeckt mit graugrünem Laub, eine Fülle kugelförmiger, gelber Blüten hervor. Im Sommer wirkt das Johanniskraut eher wie eine krautartige Pflanze, und nur im Winter gleicht es einem Strauch, wenn es mit seinen rotbraunen Zweigen die kargen Farben im Garten wärmt und belebt.

JASMINUM humile 'Revolutum'

IMMERGRÜNER JASMIN
H: 2 m B: 2 m
Die elegant gezähnten, dunkelgrünen Blätter und Büschel schlanker, duftender Blüten, die im Frühjahr die Zweige in Fülle bedecken, erinnern an Sommerjasmin, aber die leuchtendgelben Blüten und die kräftigen leuchtendgrünen Zweige gleichen mehr den winterblühenden Arten.

Dieser Jasmin entwickelt sich zu einem schönen überhängenden Strauch, der in milden Wintern nahezu immergrün ist und die Rabatte das ganze Jahr über bereichert.

Hydrangea paniculata *'Tardiva'*

Hypericum *'Hidcote' (Johanniskraut)*

Kerria japonica *(Kerrie)*

KERRIA japonica

Kerrie
H: 1 m B: 1,50 m
Am bekanntesten ist die Sorte *K. j.* 'Pleniflora', ein aufrechter, triebreicher Strauch, der an einer Mauer oft eine Höhe von 3 m und mehr erreicht und gefüllte Blüten aus zottigen, orangegelben Blütenblättern hervorbringt. Die Spezies selbst ist ein schlanker, triebreicher kleiner Busch von anmutigem Wuchs mit leuchtendgrünen Zweigen, die im Winter einen reizvollen Anblick bieten und im Frühling mit dottergelben Blüten, die wie kleine ungefüllte Rosenblüten aussehen, bedeckt sind. Noch eleganter ist *K. j.* 'Picata' mit ihren funkelnden, weiß panaschierten Blättern. Alle drei Sorten gedeihen in Sonne und Schatten.

MAHONIA japonica

Mahonie
H: 1,20 m B: 1,50 m
Obwohl die bekannten Sorten der *M. x media* auffälligere Blüten haben als ihre winterhärtere Verwandte *M. japonica*, verbindet diese letztere schönes, sanftgrünes Laub und lange, duftende blaßgelbe Blütentrauben, die vom Spätherbst bis zum Frühlingsbeginn erscheinen, mit einer lokkeren Wuchsform. Seitentriebe bilden dabei einen breiten, am Boden liegenden Hügel, der mitunter höher wird als angegeben.

Ihr gefiedertes Laub, das sich im Herbst zum Teil kräftig rot färbt, bietet im Winter und auch im Sommer einen dekorativen Anblick. Sie gedeiht gut im Schatten und in der Sonne.

PHILADELPHUS-SPEZIES

Sommerjasmin, Pfeifenstrauch
H: 1–3 m B: 1,50–2 m
Alle Sommerjasmine haben im Hochsommer weiße Blüten. Manchmal sind sie gefüllt, manchmal an der Basis der Blütenblätter purpurfarben getönt, und sie verströmen einen süßen Duft. Der Hauptunterschied besteht in der Pflanzengröße. Alte, nicht beschnittene Pflanzen von *P. coronarius* können bis zu 6 m hoch werden. *P. macrophyllus*, 'Boule d'Argent' und 'Manteau d'Hermine', die größere Blätter und Blüten tragen, werden nur selten höher als 1 m. *P. microphyllus* gibt sich erst dann als Sommerjasmin zu erkennen, wenn er seine Myriaden kleiner intensiv duftender Blüten hervorbringt. Er ist ein entzückender

Busch für den kleinen Garten. 'Sybille' (1,20 m) und 'Belle Etoile' (1,80 m) sind typischer und stark duftend, während *P. coronarius* 'Aureus' seine duftenden weißen Blüten zwischen goldgelben Blättern zur Schau stellt, vor allem, wenn er nach der Blüte kräftig beschnitten wird.

POTENTILLA fructicosa und VARIETÄTEN

FINGERSTRAUCH

H: 45–75 cm B: 60–120 cm

Die strauchartigen Fingerstrauch-Varietäten bilden hübsche, niedrige, dichtverzweigte Hügel, die mit kleinen sanftgrünen oder grauen Blättern bedeckt sind.

Die Blüten sind normalerweise gelb oder weiß. Obgleich feine Schattierungen in Pfirsich-Orange schon lange erhältlich sind, sind 'Red Ace' mit leuchtend scharlachroten Blüten und 'Princess' mit blaßrosa Blüten ganz neue Züchtungen. Die meisten sind absolut winterhart und gedeihen in trockenen oder nassen Böden, aber die orangegetönten Varietäten sollten besser im Halbschatten gezogen werden, da ihre Farben in direktem Sonnenlicht verblassen. Andere Varietäten sind 'Mandschurica', ein niedriger Strauch mit grauen Blättern und weißen Blüten,'Vilmoriniana', ein aufrechter Strauch mit seidigen Blättern und cremig weißen Blüten; 'Primrose Beauty' und 'Maanelys' ('Moonlight') mit blaßgelben Blüten; 'Elizabeth' mit großen buttergelben Blüten und 'Tangerine' mit orangeroten bis gelben Blüten.

SPIRAEA nipponica 'Snowmound'

SPIERSTRAUCH

H: 1,20 m B: 1,20 m

Zu den schönsten Sorten des Spierstrauches gehört 'Snowmound' mit elegant gebogenen Zweigen, deren Rotbraunfärbung einen besonderen Reiz im Winter darstellt und die sich im Frühsommer unter der Last rundlicher, weißer Blütenbüschel zu Boden neigen. Wenn die Blüten verblassen, breiten sich die neuen Blätter zu voller Größe aus. Sie haben einen angenehmen Blaugrünton, der einen hübschen Rahmen für viele andere Blumen bildet. Das alte Holz sollte nach der Blüte entfernt werden. Obgleich der Spierstrauch schnell eine Höhe von 1,20 m erreicht, sollte er wegen seiner bezaubernden, fontänenartigen Silhouette unbedingt in der vorderen Reihe einer Rabatte einen Platz finden.

Viburnum plicatum *'Mariesii' (Schneeball)*

SYRINGA vulgaris

FLIEDER

H: 3 m B: 2 m

Der Flieder beginnt sein Leben als aufrechter Strauch. Er kann diese Form beibehalten, wenn er sorgfältig beschnitten wird. Wenn man seine unteren Zweige entfernt, kann man ihn auch zu einem pittoresken Baum heranwachsen lassen, unter dem andere Pflanzen Platz finden können. Er harmonisiert wunderbar mit alten gefüllten Pfingstrosen in dunklem Rot, silbrigem Rosa oder in Weiß und mit Tulpen in fast jeder Farbe.

Für kleine Gärten, in denen der gewöhnliche Flieder zu mächtig wird, sind *S. x persica,* der farnblättrige *S. laciniata* und der winzige *S. meyeri* 'Palibin' bezaubernde Alternativen.

VIBURNUM-SPEZIES

SCHNEEBALL

H: 1,50– 3 m B: 1,50–3 m

Unter den mehr als hundert Schneeballarten gibt es fünf von besonderer Wichtigkeit. *V. x bodnantense* bringt den ganzen Winter über duftende, rosa Blüten an einem hohen, aufrechten Strauch hervor. Im Sommer trägt er bräunliche Blätter, und seine verzweigten Äste bieten sich als Stütze für Clematis an. *V. tinus* ist auch ein Winterblüher. Er trägt flache, leicht rosa getönte Blütenköpfe, und der immergrüne, dunkle, runde Busch bildet im Sommer einen schönen Hintergrund für die verschiedensten Pflanzen. *V. carlesii* bringt im Frühjahr runde, intensiv duftende Blütenbüschel in gedämpftem Weiß hervor. *V. plicatum* 'Mariesii' trägt im Frühsommer an ausladenden, horizontal wachsenden Zweigen dekorative, weiße Blütenreihen. Er benötigt feuchten Boden und viel Platz. *V. opulus* hat im Frühsommer flache, weiße Blütenköpfe, und *V. opulus sterile,* eine Gartenzüchtung des Gemeinen Schneeballs, zeichnet sich durch seine schneeballgroßen Blüten aus.

KLETTERPFLANZEN

Die wichtigste Aufgabe der Kletterpflanzen besteht darin, harte Linien von Mauern und Zäunen mit ihren Laubranken zu umspielen. Viele von ihnen haben dazu noch wunderschöne Blüten. Einige haften selbst an rauhen Oberflächen, manche benötigen für ihre Ranken Drähte oder schmale Gitter, und die am wenigsten starkwüchsigen wachsen durch einen Strauch oder kräftige Stauden hindurch.

Da sich Umfang und Höhe der Kletterpflanzen danach bemessen, wie sie gezogen werden, haben wir keine Maße angegeben, sondern die Pflanzen in schnell- und langsamwachsende unterteilt.

CLEMATIS-SPEZIES und -HYBRIDEN

Schnellwachsend

Die Wildformen der Clematis, die am starkwüchsigsten sind, eignen sich am besten zum Beranken von Mauern und Gitterwänden, es sei denn, man läßt sie alte Apfelbäume überwachsen oder in große Bäume klettern (um die Baumkrone zu erreichen, müssen sie aber am Stamm befestigt werden). Die feineren Spezies und Hybriden sind aber auch geeignet, durch Sträucher oder sogar kräftige Stauden zu klettern und sie zu überranken, um sich zu ihren Blüten zu gesellen oder später im Jahr für Blüten zu sorgen.

Die am frühesten blühende *C. cirrhosa balearica* bringt in den Wintermonaten über ihrem fein eingeschnittenen, dunkelgrünen Laub kleine, hängende, weiße Blüten hervor, die bei den besten Pflanzen kastanienbraun gefleckt sind. *C. montana* und *C. macropetala* folgen im Spätfrühling. Die erstere, eine der starkwüchsigsten Kletterpflanzen, klettert durch große Bäume oder bedeckt schnell eine Gitterwand. Sie läßt sich aber gut im Zaum halten, wenn man sie direkt nach der Blüte beschneidet. Sie ist weiß und duftend, aber es gibt auch rosafarbene, nicht duftende Va-

Clematis *'Madame le Coultre' (Waldrebe)*

rietäten. *C. macropetala* ist noch raffinierter mit ihren gefüllten, blaßblauen Blüten mit cremefarbener Mitte, die von seidigen Samenständen abgelöst werden. Die großblütigen Hybriden entfalten sich im Sommer; ihnen folgt *C. tangutica* mit ihren bezaubernden gelben Laternenblüten und danach *C. viticella* mit purpurfarbenen Blüten an langen Stielen.

Die großblütigen Clematishybriden teilen sich in zwei Gruppen auf. Die erste Gruppe blüht im Spätfrühling und Frühsommer am alten Holz und sollte möglichst im Frühjahr sorgfältig zurückgeschnitten werden. Dabei sollte man alles abgestorbene und schwache Holz entfernen und die verbleibenden starken Triebe zusammenbinden. Viele Varietäten danken es mit einer Fülle großer, gefüllter Blüten am alten Holz und mit einer langen Folge ungefüllter Blüten am neuen Holz. Zu dieser Gruppe gehören 'Madame le Coultre' (weiß), 'Belle of Woking' (gefüllt, silbriges Mauve), 'Vyvyan Pennell' (gefüllt, violett), 'Lasurstern' (blau), 'The President' (purpurfarben, lange Blütezeit) und 'Jackmanii Rubra' (gefüllt, karmesinrot).

Die zweite Gruppe blüht im Sommer und Spätherbst am neuen Holz. Diese Pflanzen können am Frühlingsanfang bis auf ein kräftiges Knospenpaar an jedem Triebansatz zurückgeschnitten werden. Dadurch wird das ganze obere Rankenwerk entfernt. Die neuen Triebe klettern aber schnell wieder an Gitterwänden, Sträuchern oder anderen Stützen empor. Zu diesen Varietäten gehören 'Huldine' (durchscheinend weiß mit mauvefarbener Rückseite), 'Perle d'Azur' (azurblau), 'Gipsy Queen' (violett-purpur), 'Niobe' (sattes Samtrot) und natürlich die bekannte *x jackmanii*, eine dunkelpurpurfarbene Clematis.

HYDRANGEA petiolaris

KLETTERHORTENSIE
Langsamwachsend
Obgleich die Kletterhortensie zum Start eine kleine Kletterhilfe benötigt, haftet sie sehr bald von selbst mit Luftwurzeln an

Lonicera tragophylla *(Heckenkirsche, Geißblatt)*

Ziegelwerk oder rauhem Stein. An glatten Mauern kann sie durch Maschendraht gezogen oder an Drähten oder Gittern festgebunden werden. Sie ist eine ausgesprochen schöne Kletterpflanze mit ihrer sich schälenden, rotbraunen Rinde und den reizvollen Resten alter Blütenköpfe im Winter, mit ihren glänzend blaßgrünen Blättern, die sich im Herbst gelb färben, und mit ihren großen, schalenförmigen, weißen Blütenköpfen im Hochsommer. Sie gedeiht besonders gut an einer schattigen Mauer.

JASMINUM nudiflorum, J. officinale

WINTERJASMIN, JASMIN
Schnellwachsend
J. nudiflorum (Winterjasmin) ist eine vielseitige und erfreuliche Pflanze. Man kann ihn einfach wie einen großen, sich zu Boden neigenden Strauch ziehen (in diesem Fall schlägt er oft an den Spitzen Wurzeln und breitet sich zu einem wahren Dickicht aus), der jedes Frühjahr kräftig beschnitten werden muß, damit er nicht zu breit wird, oder man kann ihn an einem Zaun oder einer Mauer festbinden, wo er leicht eine Höhe von 6 m und mehr erreicht. Wenn der Winterjasmin ein dauerhaftes Kunstwerk aus Zweigen geschaffen hat, können die Seitenzweige nach der Blüte auf ein Knospenpaar zurückgeschnitten werden.

J. officinale (Jasmin) ist eine Schlingpflanze, die als Stütze ein Gitter oder Drähte benötigt, um die sie sich winden kann. Der Jasmin behält seine dunkelgrünen Blätter noch weit bis in den Herbst hinein,

Solanum crispum *(Nachtschatten)*

Wisteria sinensis *(Glyzine)*

und wenn sie abfallen, offenbart er eine Masse ineinander verschlungener mattgrüner Zweige. Wenn er an einer warmen Mauer gezogen wird, bringt er bis in den Herbst hinein ganze Büschel intensiv duftender weißer Blüten hervor, die in der Dämmerung leuchten. Unter guten Bedingungen erreicht er rasch eine Höhe von 6–9 m und klettert über Zäune, Pergolen und über Drähte.

LONICERA periclymenum

Geissblatt

Schnellwachsend

Das Geißblatt, das wegen seines Duftes und seiner Farbe gezogen wird, ist eine kräftige Schlingpflanze, die ohne Unterbrechung vom Sommer bis zum Herbst Büschel langer, röhrenförmiger Blüten hervorbringt, die außen purpurfarben geflammt und innen cremefarben sind. In warmen Sommern trägt es eine Menge orangeroter Früchte, die sich bis in den Winter halten. Das Geißblatt kann jedes Jahr nach der Blüte zurückgeschnitten werden; man kann es aber auch zu einer üppigen Pflanze heranwachsen lassen und in unregelmäßigen Abständen kräftig beschneiden. Das spätblühende Holländische Geißblatt (*L. p.* 'Serotina') trägt dunkle purpurfarbene Blüten, die üppig bis in den Herbst hinein blühen.

SOLANUM crispum

Nachtschatten

Langsamwachsend

Hier handelt es sich um ein kletterndes Kartoffelgewächs, das im Spätsommer und Herbst mit großen Büscheln aus purpurfarbenen Kartoffelblüten mit gelber Mitte bedeckt ist. In einem gut durchlässigen, kalkhaltigen Boden eignet es sich vorzüglich als Hintergrundpflanze.

S. jasminoides ist eine echte Schlingpflanze, die rasch eine Höhe von 6–9 m erreicht. Die weißblühende Form muß unbedingt geschützt stehen.

WISTERIA sinensis

Glyzine

Schnellwachsend

Die Chinesische Glyzine klettert bis in den Gipfel des höchsten Baumes, wenn sie erst einmal die unteren Zweige als Stütze erreicht hat. Sie kann aber im Zaum gehalten werden und paßt dann auch in den kleinsten Garten. Selbst in einem großen Topf kann sie sich viele Jahre lang wohlfühlen. An einer warmen Mauer bringt sie im Frühsommer duftende, blaßviolette Blüten hervor.

Das Geheimnis des Erfolges mit Glyzinen beruht darauf, daß man sie nicht zu schnell wachsen läßt und daß man die Hauptzweige in die Horizontale leitet. Die Haupttriebe schneidet man jedes Jahr zurück, damit sich möglichst viele Seitenzweige bilden, zwickt die seitlichen Triebe nach vier bis sechs Blättern ab und schneidet sie dann im Winter auf ein paar wenige Knospen zurück.

Einjährige Kletterpflanzen

Die Fähigkeit einjähriger Kletterpflanzen, in einer einzigen Saison ihre Stützen zu bedecken und für Farbe, Duft und Abgeschiedenheit zu sorgen, ist von unschätzbarem Wert in einer Zeit, in der die Menschen so häufig umziehen und die meist nackten Gärten erst noch gestaltet werden müssen. Auch sind sie ein hübscher Schmuck für Töpfe und Fensterkästen, von denen sie herunterwachsen können. Sie alle profitieren von einem nahrhaften Boden, der sie zu schnellerem Wachstum anregt.

CONVOLVULUS althaeoides

WINDE

Diese elegante Pflanze, die selten höher wird als 1 m, trägt vom Spätsommer an über ihren tief eingeschnittenen, silbrigen Blättern dunkelrosafarbene, trichterförmige Blüten. Sie verbreitet sich rasch durch Wurzelausläufer.

Damit ihre Blätter besser zur Geltung kommen, kann man sie durch einen dunkellaubigen, niedrigen Strauch wachsen lassen, und noch schöner sieht sie aus, wenn sie sich durch Lavendelhecken schlängelt. In einem geschützten Garten mit gut durchlässigem Boden kann sie winterhart sein. Sie läßt sich leicht durch Wurzelstecklinge vermehren, die man im Frühjahr auspflanzt.

ECCREMOCARPUS scaber

SCHÖNRANKE

Die Schönranke, die als halbwinterharte einjährige Pflanze gezogen wird, kann milde Winter überstehen, treibt dann fast in Bodenhöhe neu aus und blüht früher im Jahr als aus Samen gezogene Pflanzen. In einem warmen Sommer erreichen ihre Ranken eine Höhe von 3–4 m. Sie bringen vom Spätsommer bis zum Herbst über dunkelgrünen, feingezähnten Blättern lockere Blütenähren mit karmesinroten, ziegelroten oder sattgelben Blüten hervor. Die schlanken Pflanzen kann man durch früher blühende Mauerpflanzen wie Zierquitte, Winterjasmin und Geißklee (*Cytisus battandieri*) hindurchklettern lassen, und sie harmonieren auch wunderbar mit kletternden Blattpflanzen wie Efeu und Wein.

LATHYRUS odoratus

PLATTERBSE, WOHLRIECHENDE WICKE

Die Wicken, die normalerweise zu Beginn des Frühlings einzeln oder zu mehreren in tiefen Töpfen aus Samen gezogen und dann vorsichtig ausgepflanzt werden, lassen sich auch im Spätfrühling an Ort und Stelle aussäen. Ihre Ranken klettern an Hühnerdraht, Bambusrohren und Reisigpyrami-

Lathyrus odoratus *(Wohlriechende Wicke)*

den empor und setzen hübsche vertikale Akzente.

Der Charme der Wicken beruht auf ihrem feinen Duft und ihrer breiten Farbpalette, die aus sanften und manchmal auch leuchtenden Farben besteht – Weiß, Creme, Rosa, Lavendel, Purpur, Rot, Kastanienbraun oder Scharlach.

PHASEOLUS vulgaris

FEUERBOHNE

Die Feuerbohne wurde schon lange als blühende Kletterpflanze gezogen, bevor man feststellte, daß ihre Schoten eßbar sind. Wenn die Frostgefahr vorüber ist, können ihre Samen im Freien ausgesät werden. Wenn man sie aber im Frühling in Töpfen aussät, entstehen schneller größere Pflanzen. Falls kein Platz im Garten vorhanden ist, kann man sie auch in Töpfen oder in hängenden Körben ziehen. Bei ausreichender Bewässerung winden sie sich an Bambusstöcken oder Maschendraht empor und bilden schnell eine Wand aus großen, herzförmigen Blättern mit unzähligen scharlachroten, rosafarbenen oder weißen Blüten nähren. Wenn die Schoten regelmäßig für die Küche gepflückt werden, blühen sie über eine lange Zeit.

PLUMBAGO capensis

BLEIWURZ

Leider ist die Bleiwurz nur in subtropischen Gegenden winterhart. Sie läßt sich aber leicht in einem Gewächshaus ziehen. Ihr eleganter Wuchs, ihre sanftgrünen Blätter und ihre blaßblauen Blütenbüschel kommen in Töpfen und Blumenkästen wunderbar zur Geltung. Die Bleiwurz kann aber auch im Sommer im Topf in die Erde oder direkt in den Garten ausgepflanzt werden, damit sie sich durch die Blumenrabatte schlängeln kann.

Rhodochiton volubile

Diese faszinierende immergrüne Kletterpflanze, die sich leicht als halbwinterharte Pflanze ziehen läßt, bringt dunkelgrüne, herzförmige Blätter hervor, die ihre Stiele um Spaliere oder Stäbe ranken lassen und rasch in die Höhe wachsen. Sie hat dicke Knospen in purpurfarbenem Kastanienbraun, die sich in jeder Blattachsel zu langen, kastanienbraunen Blüten öffnen.

Man kann sie durch dunklere Fuchsien klettern lassen, um auf diese Weise eine feine Mischung aus dunklen Purpur- und Rottönen entstehen zu lassen. Ihre dunklen Blüten bilden einen schönen Kontrast zu weißen Maßliebchen und Margeriten und zu den silbergrauen Blättern von *Argyranthemum frutescens foeniculaceum,* zu heller *Grevillea robusta* und zu *Jacaranda.*

Tropaeolum peregrinum

Diese Pflanze, eine nahe, elegantere Verwandte der kletternden Großen Kapuzinerkresse *(T. majus)*, hat kleine graugrüne, reizvoll gelappte Blätter. Sie klettert mit ihren Blattstielen durch Maschendraht oder feinverzweigte Sträucher und bringt vom Spätsommer an Kaskaden leuchtendgelb gesäumter Blüten hervor. Sie muß vor der Schwarzen Fliege und vor Raupen geschützt werden.

Phaseolus vulgaris *(Feuerbohne)*

REGISTER

Kursive Seitenzahlen verweisen auf Bildunterschriften oder Pflanzenlisten.

DANKSAGUNGEN

Danksagung des Verfassers

Ich möchte Frances Lincoln danken, von der die Anregung zu diesem Buch stammt, und ihrem Team kundiger Lektoren und Zeichner für ihre Begeisterung bei der Arbeit. Sämtliche Photos stammen von Marijke Heuff, die größtes Lob für das künstlerische und technische Geschick verdient, mit dem sie die flüchtigen Stimmungen des Blumengartens eingefangen hat. Anne Fraser und Louise Tucker danke ich für die Hilfe bei der Auswahl der Illustrationen.

Meine Gedanken, die hier zum Ausdruck kommen, haben sich bei den Besuchen Hunderter von Gärten über viele Jahre hinweg geformt; deshalb habe ich vielen Gärtnern für alle die Anregung zu danken, die sie so freigiebig auszuteilen pflegen.

Schließlich geht mein tiefster Dank an meine Frau, die ihr Bestes getan hat, mir die übrige Welt vom Halse zu halten, während ich mit der Schreibmaschine kämpfte.

Danksagung der Photographin

Ich möchte allen meinen lieben Gartenfreunden danken, die dieses Buch möglich gemacht haben und deren Gärten für mich Oasen der Schönheit sind, wo ich Anregung und schöpferische Energie finde.

Danksagung des Verlags

Der Verlag möchte folgenden Personen für ihre Hilfe beim Zustandekommen dieses Buchs danken: Jo Christian; Paul Meyer für gärtnerische Beratung; Tim Foster für zeichnerische Arbeit; Yvonne Cummerson für Mitarbeit an den Zeichnungen und Katy Foskew für ihre gute Laune und ihr Geschick im Büro.